LE SYSTÈME GUÉRINI

DU MÊME AUTEUR

L'Amiral Muselier, créateur de la Croix de Lorraine, Perrin, 2000.

Daumier, artiste frondeur, Marseillais rebelle, Plon, 2008.

www.editions-jclattes.fr

Renaud Muselier

LE SYSTÈME GUÉRINI

JC Lattès

Maquette de couverture : Atelier Didier Thimonier

ISBN : 978-2-7096-3812-8

Première édition octobre 2011.

À ma femme et mes quatre enfants

« Nous portons en nous des merveilles
que nous cherchons en dehors de nous. »

Sir Thomas BROWNE

INTRODUCTION

Dans son article *Les Cent Visages du vaste monde*, publié en 1926, l'écrivain et grand reporter Albert Londres raconte comment, de passage à Marseille, il fut surpris de ne croiser que des Italiens, de sa femme de chambre au prêtre qui officiait dans sa langue à l'église voisine. Rencontrant, au détour d'une rue, le maire de Marseille, Siméon Flaissières, il l'interpella ainsi :

« — Monsieur le maire, je crois être perdu, mais puisque vous voici, vous ne me refuserez pas une précision. De quelle ville, au fait, êtes-vous maire ?

M. Flaissières me pria de me promener dix minutes en sa compagnie.

— Écoutez, me disait-il, chemin faisant.

— Je n'entends que la langue italienne.

— Eh bien ! Maintenant, vous êtes fixé ?

— Cela ne me dit pas de quelle ville vous êtes le premier magistrat.

— Allons, votre esprit est encore lourd ce matin, vous voyez bien que je suis maire de Naples ! »

Près d'un siècle plus tard, cette plaisanterie résonne de façon tristement prémonitoire pour les Marseillais, aux prises avec un tentaculaire et très lucratif réseau de corruption qui rendrait jaloux n'importe quel parrain napolitain.

Cet ouvrage propose de plonger dans les méandres de cette hydre à quinze têtes mise en place par un petit clan avide pour siphonner l'argent des citoyens de la deuxième plus grande ville de France. Pour éclairer ce système – dont, à l'heure où j'écris, on ne connaît toujours pas exactement l'ampleur –, il serait tentant d'en appeler à la métaphore de la pègre, à ses légendes et à son folklore. Mais comparer les voyous marseillais aux plus célèbres parrains de l'Histoire, ce serait prendre le risque d'éclairer des caïds de bas étage de la lumière du mythe, aussi sombre soit-il.

Aussi le parallèle avec le livre *Gomorra* de Roberto Saviano, qui nous plonge au cœur de la Camorra napolitaine, me semble-t-il le plus juste. Pas seulement parce qu'il y est question, là aussi, de chefs d'entreprises crapuleux, de déchets et de corruption, mais surtout parce que son auteur ne cède en rien à la fascination du Mal, décrivant un univers sordide, régenté par des individus sans grandeur, sans aura, dont la seule obsession est l'enrichissement personnel.

De la grandeur, vous n'en trouverez guère dans cette histoire où la cupidité le dispute à la bassesse. Elle retrace deux longues années de lutte pour faire éclater la vérité, deux longues années d'espoirs nourris par les révélations dans la presse des avancées de l'enquête. De désespoir, aussi, lorsque les silences stratégiques des enquêteurs laissaient craindre un essoufflement des investigations et permettaient aux présumés coupables de reprendre de l'assurance. De vertige devant la découverte de l'ampleur du système. D'écœurement, enfin, face aux silences complices, aux frilosités, aux lâchetés en tous genres. Chroniques d'une chute annoncée, mais qui se sera fait attendre…

Pour guider le lecteur à travers les rouages complexes de l'un des plus grands scandales de la République, une présentation de ses principaux acteurs m'a semblé indispensable. Ces noms sont sans doute familiers pour les Marseillais et les habitants de la région, mais ils ne sont pas tous connus des Français. Or, contrairement à ce que l'on a pu lire ici ou là, cette affaire n'a rien de typiquement marseillais. Si un tel système a pu naître et prospérer sous le soleil méditerranéen, un autre, similaire, pourra se développer ailleurs. Ne nous y trompons pas : l'affaire Guérini, parce qu'elle a défié en toute impunité les valeurs et les lois de notre République, concerne tous les Français.

Alexandre Guérini

Ce chef d'entreprise d'origine corse s'impose assez vite dans l'histoire comme le personnage principal, celui par qui le scandale éclate. À la tête de plusieurs sociétés de traitement des déchets dans la région de Marseille, il est aussi le frère cadet du président PS du conseil général, Jean-Noël Guérini, dont il a suivi, tapi dans l'ombre, toute la carrière. Dans son cercle d'amis, on compte de nombreux élus PS et fonctionnaires du conseil général ainsi que de la communauté urbaine Marseille Provence Métropole (CUM), présidée par le socialiste Eugène Caselli – ce qui n'est pas sans faciliter ses affaires. Ces dernières sont d'ailleurs juteuses, comme nous le découvrirons au fil de ce récit, lui permettant notamment d'assouvir sa coûteuse passion pour les chevaux de course. Alexandre est également proche de plusieurs chefs d'entreprises dont les activités se révéleront plus que suspectes, ainsi que d'individus liés au grand banditisme.

Jean-Noël Guérini

Le président du conseil général des Bouches-du-Rhône, grand manitou de la fédération PS locale, est le frère aîné d'Alexandre. Natif du petit village corse de Calenzana, installé dès sa plus jeune enfance dans le populaire quartier du Panier à Marseille, Jean-Noël a construit sa carrière à la sueur de son front. Sous ses airs de bonhomme truculent et débonnaire, grand collectionneur de petites voitures, c'est un homme politique redoutable et redouté. Il est l'arbre respectable qui cache la forêt des affaires de son frère. Mais les militants PS, les élus et les fonctionnaires du conseil général et de la CUM savent qu'il vaut mieux éviter de le contrarier…

Le procureur Jacques Dallest

Le procureur de la République à Marseille a su prendre au sérieux la lettre anonyme, envoyée en janvier 2009, qui décrivait par le menu le système mis en place par Alexandre Guérini. Il a également eu la présence d'esprit de confier l'enquête à un juge compétent et aux gendarmes. Sans sa clairvoyance, je ne suis pas sûr que l'enquête aurait pu aller jusqu'au bout.

Le juge Charles Duchaine

Le juge Charles Duchaine apparaît relativement tôt dans ce récit, mais en réalité il a progressé pendant plusieurs mois dans le plus grand secret. Farouchement indépendant, incorruptible, il a dérouté tous les voyous habitués à acheter complicités ou silences depuis des années. *Le Canard enchaîné* a dressé, à la fin du mois d'août 2011, la longue liste des tentatives de corruption et d'intimidation dont il a fait l'objet depuis le début de l'enquête, de l'offre d'un poste très alléchant chez Veolia jusqu'aux menaces de mort. Insensible à la carotte comme au bâton, cet homme de grands dossiers, dont la réputation n'est plus à faire, a su procéder avec autant de discernement que de discrétion, et prendre ainsi tout le monde de court. Seul à avoir le plan d'ensemble de l'affaire en tête, il a avancé ses pions les uns après les autres, méticuleusement, implacablement. Pour comprendre la totalité de l'affaire, tous les autres personnages de l'histoire – gendarmes mis à part – ont donc été condamnés à jouer au puzzle avec les très rares fuites, les articles de presse et les différentes perquisitions et mises en examen.

Les gendarmes

Les gendarmes partagent avec le juge Duchaine la vision stratégique d'ensemble ainsi que le goût du secret. Ce sont de vraies tombes. Je peux d'ailleurs avouer aujourd'hui que, devant l'obstination du colonel Jacono à ne pas me saluer lorsqu'il me croisait pendant une cérémonie officielle, j'avais fini par me vexer et lui donner le surnom de « lame de couteau ». J'ai appris par la suite que son attitude ne témoignait en rien d'un éventuel mépris pour ma personne mais bien de sa volonté de montrer son indépendance, en toutes circonstances. J'espère qu'il me pardonnera ce sobriquet qui n'est rien d'autre qu'un hommage maladroit au professionnalisme de toute son équipe.

Les journalistes

Malgré les intimidations en tous genres, plusieurs journalistes ont su porter le scandale sur la place publique et en expliquer les méandres à nos concitoyens. Parmi eux, Hervé Gattegno, du *Point*, a débusqué l'affaire très tôt et n'a jamais lâché la piste. Didier Hassoux, du *Canard enchaîné*, a également levé de nombreux lièvres. Xavier Monnier, de *Bakchich*, qui vit à Marseille, ne s'est jamais laissé impressionner par Alexandre. À France 3, Jean-François Giorgetti et Thierry Bezer ont aussi eu le courage de défendre leurs reportages malgré les pressions. Enfin, Fred Guilledoux et Denis Trossero ont pu suivre l'affaire de très près dès que la direction de leur journal, *La Provence*, a rompu ses liens avec le conseil général, qui était un important annonceur du quotidien. D'autres les ont rejoints avec beaucoup de sérieux.

Patrick Boudemaghe – Damien Amoretti

Patrick Boudemaghe et Damien Amoretti sont deux entrepreneurs à la tête d'une nébuleuse de sociétés implantées dans la région, de la Haute-Corse aux Bouches-du-Rhône, ainsi que dans les plus intéressants paradis fiscaux de la planète. Les deux comparses sont soupçonnés de régner en maîtres sur une très complexe et volatile machine à blanchir l'argent sale, qu'ils mettraient généreusement à disposition des individus les moins recommandables.

Eugène Caselli

Le président PS de la Communauté urbaine de Marseille Provence Métropole (CUM) est un autre personnage clé de l'affaire. C'est en effet à la CUM que le premier scandale a éclaté, concernant des marchés publics de traitement des déchets hautement suspects. Eugène Caselli est arrivé à ce poste par hasard. Parachuté par Jean-Noël Guérini qui voyait en lui un être facile à manœuvrer, il a été constamment court-circuité, dans ses décisions, par Alexandre Guérini et sa bande au sein de la collectivité. Totalement inféodé au président du conseil général, il lui a cédé en septembre 2010 sa place de premier secrétaire de la fédération socialiste des Bouches-du-Rhône, alors même que les statuts du PS stipulent que les deux fonctions sont incompatibles. Eugène Caselli pourrait expliquer à lui seul comment le système Guérini a pu prospérer et s'étendre : en s'appuyant sur des personnalités pas foncièrement malhonnêtes, mais faibles. Après avoir nommé ses collaborateurs et signé les marchés de la CUM, il mettra trop de temps à prendre ses distances vis-à-vis de ses maîtres pour être crédible.

Le Parti socialiste

Au sein du Parti socialiste, la fédération des Bouches-du-Rhône occupe une place essentielle. Elle est l'une des plus importantes, de celles qui font ou défont un candidat à la présidentielle. On comprend donc la volonté des aspirants au poste de ne pas se mettre le grand manitou local à dos. Mais, entre fermer les yeux sur une petite entorse aux statuts du parti et couvrir un baron local qui use et abuse de sa position pour faciliter les « affaires » de son frère, il y a un fossé. Il a été franchi sans hésitation par les premiers secrétaires qui se sont succédé ces dernières années. Nul ne s'étonnera que ces derniers aient été aussi les candidats les mieux placés pour les primaires. Sous le règne de François Hollande, le système a prospéré sans difficulté. Injustice du calendrier, le scandale a éclaté sous celui de Martine Aubry, qui a préféré ignorer l'affaire, pourtant lourde de conséquences.

Arnaud Montebourg

Au sein du Parti socialiste, Arnaud Montebourg occupe une place à part. Auteur d'un rapport au vitriol sur le fonctionnement de la fédération socialiste des Bouches-du-Rhône, il est le seul à avoir osé dénoncer les dérives du système Guérini. Il en a payé le prix fort, accusé d'opportunisme et de trahison par son propre camp inquiet de voir un tel brûlot perturber les élections cantonales et les primaires. Martine Aubry a balayé ses arguments d'un revers de la main, lui renvoyant même son dossier de preuves, sans l'avoir lu. Son courage sera-t-il récompensé ? L'avenir nous le dira.

Marseille

Marseille est plus que le décor de cette histoire, elle en est le principal personnage. Première victime de l'affaire Guérini, avec laquelle on la confond, elle est traînée dans la boue depuis deux ans comme une ville ingérable, paralysée, un Eldorado pour les voyous, un paradis pour les élus corrompus. Mais n'oublions pas que Marseille a offert son hymne à la République française. Au long de ses deux mille six cents ans d'Histoire, elle n'a eu que mépris pour tous ceux qui ont voulu se servir d'elle et non la servir, et elle ne manquera pas de bouter, une nouvelle fois, despotes et profiteurs hors de ses remparts. Contre ceux qui s'ingénient aujourd'hui à la mettre à terre, Marseille résiste, s'appuie sur ses nombreux atouts (sa rade, son port, ses universités, ses hôpitaux, ses pôles d'excellence, mais surtout sa population et sa jeunesse...). Marseille porte des projets d'avenir ambitieux, structurants : l'opération d'intérêt national Euroméditerranée, qui est en passe de transformer radicalement le visage du centre-ville et du littoral ; le vaste projet Marseille-Provence, capitale européenne de la culture 2013, qui va mettre en valeur son extraordinaire bouillonnement artistique et son patrimoine d'exception... et bien d'autres encore. Marseille est un diamant dont les médias n'ont éclairé que les faces obscures depuis deux ans. La cité phocéenne ne laisse personne indifférent. Elle fascinera, encore et toujours. Marseille abusée, Marseille critiquée, Marseille bafouée, mais Marseille debout !

Personnages secondaires

Dans les meilleurs romans policiers, les personnages secondaires sont bien davantage que des faire-valoir. Le Système Guérini ne déroge pas à la règle. Les protagonistes de ce récit ont hérité de surnoms fleuris, que l'on doit souvent à Alexandre.

LES ÉLUS PS DE LA RÉGION

Patrick Mennucci, président du groupe au conseil municipal, dit « Ségolin », parce qu'il a été le directeur de campagne de Ségolène Royal en 2007, ou encore « La Plume », en référence à son physique gracile.

Henri Jibrayel, député surnommé « Le Banouch » à cause de ses origines libanaises.

François Bernardi, président de la commission des marchés de la CUM, aussi connu sous le nom de « L'Albinos », en rapport, sans doute, avec sa pigmentation de peau.

Jean-Pierre Maggi, conseiller général, rebaptisé « Knorr ».

LES FONCTIONNAIRES DES COLLECTIVITÉS LOCALES

Michel Karabadjakian, directeur adjoint à la propreté à la CUM, baptisé « Le Sanglier », à cause de sa carrure de rugbyman.

Jean-Marc Nabitz, président de la société d'économie mixte du 13, désormais appelé « La Balance » parce qu'il s'est mis à table.

Olivier Grimaldi, avocat de la CUM, a hérité du sympathique sobriquet de « Baveux » pour s'être mis à table, lui, particulièrement vite.

LES AUTRES

Sylvain Bennarouche, directeur de la société de reprographie Prodotec, ce qui lui a valu le petit nom de « Photocopieuse ».

Bernard Barresi, dit « Jambon », à cause du nom de famille de sa compagne, Serrano…

J'ai appris que je ne fais pas exception, puisque le cadet des Guérini m'appelle « Le Docteur », eu égard à mon métier. Chez mes compagnons de route, Maître Cachard serait « Le Pianiste », parce qu'il mettrait un certain nombre de choses en musique, et Bruno Gilles « Tintin », son bureau étant un véritable musée des aventures du reporter belge !

Chapitre 1

UN PAVÉ DANS LA *MARE NOSTRUM*

« Marseille, ce n'est pas Naples. Les Marseillais sont des Républicains, ils n'accepteront jamais ça. »

Mon discours a pris tous les élus par surprise, gauche et droite confondues. Nous sommes le lundi 9 novembre 2009, à la séance plénière du Conseil de la Communauté urbaine Marseille Provence Métropole (CUM), présidée par le socialiste Eugène Caselli. Un silence de mort plane dans l'hémicycle. Je me lève, déterminé, et descends les quelques marches qui me séparent du pupitre du président. Je lui tends le livre de Roberto Saviano, *Gomorra*. Tétanisé, livide, Eugène Caselli bafouille péniblement : « Je l'ai lu, le livre, je l'ai vu, le film », avant de jeter l'ouvrage par terre.

C'est un peu court, dirait Cyrano. Comme le héros de Rostand dans la fameuse tirade du nez, j'avais prévu plusieurs réactions possibles de la part de celui que ses amis politiques surnomment « Brushing », en hommage à une disposition capillaire impeccable en toutes circonstances. Je l'avais imaginé tour à tour violemment indigné, faussement dédaigneux, ou bien sincèrement choqué face à mes accusations… Mais c'est à un Eugène Caselli visiblement peu inspiré, et sans aucun panache, que j'ai eu affaire. Jeter un livre, en public… Et pourquoi pas le brûler ? Le geste semble aussi puéril que désespéré. Aurais-je touché un point sensible ? En le voyant blême, tremblant, accroché à son fauteuil comme à une bouée, je réalise que j'ai mis le doigt sur quelque chose qui le dépasse et, apparemment, le met très mal à l'aise. Triste pantin dont j'ai, sans le vouloir, coupé les ficelles…

Alors que je regagne ma place, l'ambiance, dans la salle, est électrique. On n'entend plus que le crépitement des appareils photo des journalistes, présents en nombre dans les travées bondées. La majorité des élus de gauche, telle une armée d'autruches disciplinées, plongent le nez dans leurs notes, examinent consciencieusement leurs chaussures, écoutent les mouches voler. Quelques-uns, rares, me sourient, complices. Parmi eux, le sénateur-maire Bruno Gilles et maître Xavier Cachard, qui sont mes plus fidèles partenaires de combat depuis de nombreuses années.

Je me rassois. Jean-Claude Gaudin, assis juste derrière, se penche vers moi et me dit : « Tu as raison, mais tu es vraiment, vraiment très courageux. »

« Tu as raison, mais... » : si j'avais reçu un euro chaque fois que j'ai entendu cette phrase pendant les deux années qui ont suivi...

Revenons quelques jours en arrière. Marseille subit une grève des éboueurs particulièrement éprouvante. Les rues sont saturées d'ordures. La puanteur, aggravée par la chaleur, est partout insoutenable. Les Marseillais sont exaspérés. L'un d'eux me raconte que les premiers êtres vivants qu'il croise le matin en partant travailler, ce sont des rats. Mais peut-on encore seulement parler de rats ? Les bêtes, grasses, gavées, sont grosses comme des lapins.

Au-delà de la crasse, au-delà de l'odeur, on sent un profond sentiment d'incompréhension : les grévistes, affectés à deux secteurs municipaux seulement, plongent l'ensemble de la ville dans les ordures en bloquant les dépôts. Mais qui sont-ils exactement et pourquoi font-ils grève ? Il ne s'agit pas d'employés municipaux mais de salariés d'une société privée, Bronzo, qui a perdu peu de temps auparavant un appel d'offres de la Communauté urbaine pour la collecte des déchets, au bénéfice d'une autre société, ISS. La procédure était transparente – validée par la commission des appels d'offres – et le choix motivé : à prestation équivalente, ISS facturait 4,2 millions de moins que Bronzo et mettait cinquante agents supplémentaires à disposition. Dès lors, personne ne comprend. Des rumeurs circulent, on dit le mouvement téléguidé. Par qui ? Pourquoi ?

Certaines bizarreries attisent la suspicion. Un salarié gréviste de Bronzo tente de justifier la grève, dans la presse, en arguant du fait qu'ils étaient « les mieux placés au niveau technique et qualitatif [...] selon les analyses effectuées par les services de la Communauté urbaine ». Stupéfaction. Depuis quand les salariés d'une entreprise candidate à un appel d'offres ont-ils accès aux analyses techniques des services de l'administration ? Les fonctionnaires de la Communauté urbaine ne sont-ils pas soumis à une obligation de réserve et au respect de la confidentialité sur les dossiers qu'ils instruisent ? Comment une telle fuite a-t-elle été possible ?

Puis, c'est au tour d'Antoine Rouzaud, vice-président de la CUM en charge de la propreté et du traitement des déchets, de défendre les salariés de Bronzo, dans *La Provence* du 1er novembre 2009, soit trois jours après le début de la grève :

« En avril, on a pris un engagement que tous les personnels seraient repris en maintenant leurs avantages collectifs et individuels. » Le lendemain, il persiste et signe dans le même journal : « Pour la première fois depuis 1993, on était arrivé à négocier une réorganisation sans conflit. » Cette fois, les bras m'en tombent. M. Rouzaud se targue publiquement d'avoir négocié, avec des entreprises choisies par lui, la réorganisation de la collecte des ordures à Marseille, sans avoir attendu l'avis de la commission des marchés !

Il y a quelque chose de pourri au royaume des ordures… Pourtant, personne ne semble relever ces incohérences. Personne ne semble s'indigner, ni même s'étonner de ces petits arrangements entre élus et sociétés privées, sans considération pour les procédures publiques. Et c'est dans un silence assourdissant que, six jours après le début de la grève, le président de la CUM déclare sans suite l'appel d'offres défavorable à Bronzo, ce qui revient à une annulation en bonne et due forme. Officiellement, pour mettre fin à la grève et épargner aux Marseillais des semaines supplémentaires de crasse et de puanteur. Caselli, le sauveur ? Plutôt le fossoyeur opportun d'une affaire dont les relents devenaient aussi nauséabonds que les rues de Marseille…

Dès lors, que faire ? Je sens bien que quelque chose cloche. Le silence même qui entoure cette histoire est suspect. En coulisses, les langues s'agitent. Mais publiquement, les élus de tous bords évitent le sujet, comme on évite un secret honteux à une réunion de famille. Je n'ai aucune preuve, mis à part les déclarations surprenantes dans la presse, que les intéressés se hâteront sans doute de démentir… Une preuve de quoi, d'ailleurs ? Je n'ai encore aucune idée de ce qui se passe réellement ni des personnalités impliquées. Je décide de profiter de la prochaine séance plénière du Conseil de la CUM pour donner un grand coup de pied dans la fourmilière. Un coup de projecteur, qui, je l'espère, poussera les loups à sortir du bois.

Me voilà donc le 9 novembre à la CUM, déclinant une à une les turpitudes entendues, comprises, et sentant monter le malaise petit à petit : « Un de vos élus a trop parlé. Une entreprise n'a pas été servie. La grève commence. Marseille est bloquée. Tous les marchés sautent. La grève s'arrête. Le chantage a réussi. En tant que républicain, je dénonce un tel système. » Je demande solennellement à Eugène Caselli d'ouvrir une enquête interne pour identifier l'origine de la fuite des analyses techniques, et de suspendre la délégation de son vice-président Antoine Rouzaud, jusqu'à ce qu'un nouvel appel d'offres soit lancé et le marché des collectes attribué. Des mesures de prudence et de bon sens, à mes yeux, après les dérapages des dernières semaines. Il n'en fera rien. La justice électorale, elle, s'en chargera : Antoine Rouzaud sera défait aux cantonales l'année suivante.

À la fin de la séance, qui s'est poursuivie dans une atmosphère de plomb, je tente de garder ma contenance. La réaction d'Eugène Caselli a confirmé mes soupçons, mais je sais que cela va être difficile, que les journalistes, interpellés par mon coup d'éclat, vont m'assaillir de questions. J'ai peu de réponses. Je m'attends à tout, à me faire traiter de fou, d'opportuniste, de redresseur de torts mal inspiré… mais je ne m'attends absolument pas à ce qui va se passer : à la sortie, le ton est plus à la confidence qu'au harcèlement. Les journalistes viennent me voir, un à un. Tous sont déjà au courant de l'affaire. Mais qu'attendent-ils donc pour en parler ? Comme moi, ils cherchent des preuves. « J'ai rempli mon devoir d'élu, leur dis-je, j'ai donné l'alerte. Maintenant, à vous de lever le lièvre. » La chasse est ouverte. Cela ne tarde pas. En novembre, Hervé Gattegno, grand reporter du *Point*, publie un article assez dense, premier d'une longue liste, dont le titre est prémonitoire : « L'affaire qui fait trembler le système Guérini. » Mais personne ne se doute encore de l'ampleur des malversations qui vont être mises à jour.

Il n'y a pas de meilleur terreau, pour la conscience politique, que l'indignation, quel que soit le nom qu'on lui donne et les formes qu'elle revêt : rébellion adolescente, volonté de surpasser ses maîtres, désir de rupture… Bien sûr, la révolte ne peut être un programme en soi – même si de nombreux hommes politiques commettent cette erreur. Mais elle est un puissant moteur. Le premier, bien souvent. Celui qui pousse à agir, à se lancer dans l'arène pour défendre ce en quoi on croit.

Vous entendrez souvent des personnalités se vanter de s'être lancées en politique comme on entre en religion, par amour de la chose publique, par admiration béate pour tel ou tel grand homme d'État. J'ai tendance à me méfier de ces Bernadette Soubirous de la politique, qui planent souvent à mille lieues des réalités. Je crois plutôt ceux qui avouent que, comme en photographie, leur conscience s'est révélée en négatif, par opposition. L'engagement qui suit n'en est, à mes yeux, que plus sincère, profond et durable. C'est lorsqu'elles sont mises en péril que l'on découvre les valeurs pour lesquelles on est prêt à se battre jusqu'au bout.

Je n'ai pas eu de révélation. Je n'ai pas entendu de voix. On n'est pas venu me chercher, si ce n'est dans le sens où on cherche la bagarre. Et on m'a trouvé ! Nous sommes en 1977. Je sors d'une scolarité difficile – doux euphémisme –, qui m'a mené – après avoir dû quitter le public – jusque sur les bancs d'une école de pères jésuites, puis d'une sévère pension en Haute-Loire. C'est là que j'ai péniblement décroché mon baccalauréat. Je m'inscris en première année à la faculté de médecine à Marseille. Ce métier, j'en rêve depuis tout petit et, pour la première fois de ma vie, je travaille comme un damné. Jour et nuit pendant un an. Je décroche ma première année du premier coup. De justesse, mais du premier coup. Comme me l'a dit mon père lorsque j'ai obtenu mon baccalauréat avec 214 points, alors qu'il en fallait 210 : « Il vaut mieux être le dernier reçu que le premier collé. » Je m'en suis souvenu toute ma vie, où j'ai plusieurs fois fini fier avant-dernier – mais toujours reçu.

En deuxième année, j'ai le sentiment que ma vie commence enfin. Les années de pension, le rythme de fou de la première année de médecine, tout cela est derrière moi. Vient le temps de la fête et des excès. Marseille, ma ville, s'offre enfin à moi. Je suis bien décidé à en profiter. Et – le plus important – dans mon esprit, j'ai déjà un métier, qui me passionne.

Au début de l'année, dans un des tout premiers cours, un étudiant prend la parole dans l'amphi. Cheveux longs, look négligé voire sale, allure dégingandée, il se lance dans un long réquisitoire contre l'augmentation du prix du papier à rouler. J'esquisse un sourire, qui disparaît au moment où je comprends qu'il veut tous nous engager dans une grève pour soutenir son combat. Il veut bloquer la faculté entière pour une histoire de cigarettes ! Indépendamment du fait que je ne fume pas, cette cause n'a aucun sens pour moi. Je vais le voir à la fin du cours, pensant lui faire entendre raison. Je peux comprendre sa volonté de fumer, même si je ne la partage pas. Il devrait pouvoir comprendre ma volonté d'aller en cours et de réussir mon année. Apparemment, il ne peut pas. Le ton monte assez vite. Il coupe court à la conversation avec un argument massue : « Je suis élu. Toi tu ne l'es pas. Donc tu arrêtes. »

Je suis soufflé. Ce grand dadais chevelu a été élu ? Mais comment ? Et par qui ? C'est vrai qu'à cette époque, je n'ai pas d'engagement politique. J'ai une idée fixe, devenir médecin, et des passions plutôt chronophages, le sport et la fête. À la maison, où plane l'ombre de mon grand-père, l'amiral Muselier, créateur de la Croix de Lorraine, partenaire puis rival malheureux de De Gaulle, nous sommes pour ainsi dire vaccinés contre la politique. Me voilà donc, à vingt et un ans, prenant ma première leçon – cuisante – sur les dangers de l'insouciance et de l'abstention.

L'adolescent attardé est donc représentant de l'UNEF. Il veut rejouer Mai 68 avec dix ans de retard et des combats au rabais. Je crois rêver. Impuissant, je l'écoute se vanter de pouvoir parler en mon nom, bloquer ma faculté et m'empêcher d'aller en cours. Lui qui me semble à l'opposé de tout ce à quoi j'aspire. Je sens monter un violent sentiment de colère et d'injustice et une envie irrépressible de lui faire mordre la poussière. Je prends une grande résolution, que je lui annonce tout de go : « L'année prochaine, tu seras battu. »

Et j'y veille personnellement. Je monte avec des amis l'Association pour la promotion des études médicales (APEM), dont je deviens le président. Avec cette corporation apolitique, nous proposons un programme clair : rivaliser avec la vie étudiante des plus grandes facultés américaines, telle qu'on la rêvait à l'époque. Week-ends au ski, soirées en boîtes de nuit... Face à nous, les égarés de l'UNEF et les extrémistes du GUD font piètre figure. Le rouleau compresseur APEM rafle tous les sièges de toutes les années de médecine. La victoire est totale. Les politiques sont boutés pour longtemps hors du campus.

Nous voilà propulsés au Conseil de l'université, alors que moins d'un an plus tôt, la plupart d'entre nous ne savions même pas qu'il existait des élections pour les étudiants ! C'est là que je rencontre le Doyen Maurice Toga. Dès le premier jour, on fixe les règles du jeu. Les professeurs ont les deux tiers des sièges au Conseil. Nous en avons un sixième, le dernier sixième revenant aux représentants du personnel. Maurice Toga n'a donc pas besoin de nous pour obtenir la majorité. Mais avec nous, il aura la paix, s'il nous donne ce que nous lui demandons. Le *gentlemen's agreement* est scellé.

L'association improvisée de fêtards devient rapidement une redoutable machine à couvrir tous les besoins de la vie étudiante. Le dilettantisme cède peu à peu la place à un vrai engagement. Nous trouvons des sponsors pour les polycopiés, que nous distribuons gratuitement. Dans la salle qui nous est dédiée, les étudiants viennent commander le double des cours des professeurs en même temps que leurs séjours au ski. D'empêcheurs de tourner en rond, nous passons professionnels au service de nos camarades de faculté. J'apprends à m'organiser, à écouter, à déléguer.

Mais je ne suis toujours pas, à ce stade, entré en politique. Le vrai déclic a lieu en 1983. On se souvient que, cette année-là, les réformes Ralite-Savary sur l'enseignement privé avaient poussé des millions de personnes dans les rues et Savary lui-même à la démission. On se souvient sans doute moins que le ministre de l'Éducation nationale avait également de grandes ambitions pour les études de médecine, avec son collègue communiste Jack Ralite. La réforme qu'il propose alors a pour but d'établir un nouvel équilibre entre le nombre de spécialistes et celui des généralistes. En 1983, il projette ainsi de mettre fin aux certificats d'études spécialisés (CES), qui permettent d'accéder aux spécialités sans passer par l'internat, et d'allonger le cursus de médecine générale d'une année. Tous les étudiants qui, comme moi, sont déjà à un stade avancé de leurs études, voient la porte des spécialités se refermer sur leurs doigts. C'est un vrai traumatisme. Je suis en cinquième année et je vois s'envoler mon rêve de devenir médecin spécialisé en rééducation fonctionnelle. J'ai mis toute mon énergie dans ces études particulièrement exigeantes, fait de nombreux sacrifices et le gouvernement change brutalement les règles du jeu en cours de partie. Je décide d'organiser la révolte.

Toutes les facultés de médecine de France entrent en grève. Nous mettons sur pied un dispositif quasi militaire : les actions sont votées en assemblée générale et un « commando action » voit le jour. Pendant trois mois, nous menons une guerre des nerfs, bon enfant mais déterminée : nous manifestons dans la rue, barrons les autoroutes, prenons d'assaut les administrations (centre des impôts, rectorat...), bloquons les trains en rase campagne, plâtrons les parcmètres. Mais, malgré la grève, nous assumons nos gardes et les urgences. C'est à cette époque que je fais la connaissance de Xavier Cachard. Il est alors à la tête du comité des étudiants en droit et nous allons régulièrement porter ensemble nos motions au préfet. Si les étudiants en médecine sont très engagés, nos compagnons de droit sont de vrais enragés ! Véritable infanterie du mouvement, ils sont souvent les premiers à se faire massacrer pendant les manifestations. Nous les soignons comme nous pouvons. Toute une génération de médecins marseillais s'est ainsi fait la main sur toute une génération d'avocats !

La contestation se radicalise. Elle dégénère. Des CRS sont attaqués aux cocktails Molotov. Des barricades de pneus fleurissent dans les centres-villes. Des métropoles sont bloquées. Je me fais arrêter à plusieurs reprises, ce qui me vaut un casier long comme le bras aux Renseignements généraux... Parallèlement, je deviens le représentant du mouvement à Marseille, puis au niveau national. Schizophrénie de l'étudiant gréviste : le matin, je négocie au ministère, l'après-midi, j'enfile mon costume de combattant. Je me souviendrai toujours du jour où je suis reçu par Alain Savary lui-même. Il avait fait partie des rares officiers de Marine engagés dans la France Libre et avait, à ce titre, libéré Saint-Pierre-et-Miquelon aux côtés de mon grand-père. En me serrant la main, il s'enquiert de mes liens de parenté avec l'Amiral. Je lui réponds que je suis son petit-fils. Il a alors cette phrase affectueuse, complice, forte de symbole et d'histoire, qui me bloque complètement : « Nous n'aurons jamais de problème ensemble. »

Malgré la levée de boucliers générale, dans tout le pays, contre l'injustice flagrante du dispositif, la réforme est passée telle quelle. Frustré par mon impuissance, écœuré par la surdité dont avait fait preuve le gouvernement, j'ai compris que je m'étais fait avoir comme un bleu. J'avais perdu trois mois à essayer de faire reculer un tank avec des pétards mouillés. J'ai réalisé, alors, que le vrai pouvoir était ailleurs.

Lorsque le Doyen Maurice Toga a pris la tête du RPR local, en 1987, il m'a appelé auprès de lui. J'avais confiance en lui. Je l'ai suivi. Je lui suis toujours resté fidèle.

Je n'ai jamais rien imposé à personne, je pense être d'une très grande tolérance. Serais-je resté à l'écart de la politique si je n'avais pas vécu ces deux expériences fondatrices ? Après tout, mes compagnons de route de l'époque, qui les ont vécues avec moi, et qui sont aujourd'hui encore des amis fidèles, n'ont pas ressenti ensuite l'envie de s'engager davantage. Pour moi, c'était une nécessité, un besoin impérieux qui allait bien au-delà du désir de revanche. Je me suis découvert profondément épris de liberté, viscéralement attaché au respect de la vie et des choix de chacun. Pour moi, l'État devait garantir ces libertés et non les piétiner. Je ne pouvais pas me taire et poursuivre sagement mes études. Je ne pouvais pas rester passif.

Vingt-cinq ans plus tard, je ne le peux toujours pas. Mais, en décidant de jeter une bombe en pleine séance de la CUM, je ne me doutais pas que le chemin sur lequel je m'étais engagé serait aussi long, ni aussi dur…

Chapitre 2

LA MAISON GUÉRINI, OMBRES ET LUMIÈRES

J'avais été frappé par la perte de sang-froid d'Eugène Caselli après mon discours à la CUM, mais, malgré son rôle dans l'annulation du marché des déchets, pas une seule seconde je n'ai pensé qu'il pouvait être à l'origine d'une quelconque malversation. Caselli est un brave homme, plutôt sympathique, toujours poli, propre sur lui. Mais il n'est clairement pas à sa place à la présidence, une fonction extrêmement lourde, pour laquelle il n'a ni l'expérience ni les épaules. Il n'a d'ailleurs jamais été élu sur son nom. En acceptant d'être parachuté à ce poste, avait-il conscience d'être manipulé ? La question est : qui tire les ficelles ?

Deux jours seulement après ma séance de pêche à la bombe à la CUM, deux noms remontent à la surface : ceux de Jean-Noël Guérini, le puissant président PS du conseil général des Bouches-du-Rhône et de son frère Alexandre, gérant de sociétés œuvrant dans le traitement des déchets. Le journaliste Didier Hassoux révèle ainsi, dans *Le Canard enchaîné*, une bien étrange conversation qui se serait tenue à Berre-l'Étang, à l'issue d'une réunion interne du PS local. Elle aurait eu lieu quelques jours après la décision de la commission d'appel d'offres défavorable à Bronzo. Le président du département aurait tout simplement demandé à Caselli, qui lui doit son poste, de déclarer l'appel d'offres sans suite. Ce à quoi ce dernier aurait répondu, un peu trop fort : « J'irai pas en prison pour vous ! » Il faut dire que la société Bronzo avait bien besoin d'un petit coup de main : le 6 mai 2009, un autre marché de tri et de transfert de déchets lui avait déjà échappé. Le vote de la commission d'appel d'offres en faveur de la société Sita, moins gourmande de plusieurs millions d'euros, avait été reporté trois fois… avant d'être finalement déclaré sans suite le 8 juin par Eugène Caselli. Un air de déjà vu ? Au grand dam des zélés supporters de Bronzo, le 5 novembre, la très têtue commission avait réitéré son vote en faveur de la société Sita.

Évidemment, Jean-Noël Guérini nie en bloc toute pression de sa part. Mais les premières révélations sont troublantes. Les liens qui unissent

« Nono et Alex » à Bronzo, filiale de la Société des eaux de Marseille, elle-même filiale du groupe Veolia (ex Générale des eaux), ne tardent pas à sortir : selon le *Canard*, Jean-Noël a occupé, de 1990 à 1995, des fonctions mal définies à la Sarp, branche de la Générale des eaux spécialisée dans les déchets toxiques. Alexandre, quant à lui, s'est vu confier par le passé plusieurs missions par le groupe.

Les journalistes ne lâchent plus les deux frères.

Un scénario se dessine, celui des ascensions parallèles de deux gamins issus de Calenzana, un petit village corse aux environs de l'Île-Rousse, l'aîné, Jean-Noël, en politique, le cadet, Alexandre, dans les affaires. Du Balzac au XXe siècle et à la sauce marseillaise.

Aux oreilles des gens de la région et des amateurs d'histoire de la mafia, le nom de famille et le village d'origine de la fratrie résonnent de façon familière. Les frères Guérini de Calenzana, dans l'imaginaire collectif, ce sont avant tout Mémé et Antoine, ces deux Corses nés à l'aube du XXe siècle qui se sont imposés dans le Milieu en fondant à Marseille un petit empire de la prostitution, puis en fournissant, à partir de 1930, des hommes au Parti socialiste pour la campagne municipale – la droite, de son côté, faisant appel aux services du tout aussi peu recommandable duo Carbone et

Spirito. Soutiens assidus de Gaston Defferre, les Guérini ont régné en maîtres sur les affaires marseillaises et françaises jusqu'aux années 1960, échangeant leur impunité contre de menus services rendus à la mairie socialiste, comme la répression sans pitié du « péril rouge », les militants communistes.

Mais ne commettons pas l'erreur grossière de confondre les Guérini de Calenzana d'hier et les Guérini de Calenzana d'aujourd'hui. Très nombreux sont les Corses qui ont émigré à Marseille au cours des derniers siècles. Dans leur immense majorité, ils ont apporté leurs talents à la ville. Dans son excellent *Dictionnaire amoureux de Marseille*, l'avocat Paul Lombard rapporte une conversation qu'il avait eue avec le sculpteur César (enfant du quartier de la Belle-de-Mai) en 1979. L'artiste y était revenu sur ses origines italiennes : « Mon grand-père, c'est un émigré. Ma mère, c'est une émigrée. Mon père seul est né à Marseille, c'est pareil, nous étions tous des Italiens. C'est-à-dire de vrais Marseillais, parce qu'il n'y a pas plus marseillais qu'un Italien », et le sculpteur d'ajouter : « Sinon, peut-être, un Corse. » Il y a en effet, à Marseille, une tradition forte et ancienne d'implantation des Corses, notamment ceux du Nord de l'île, qui comptait de nombreux marins. Au début du XXe siècle, des villages entiers se sont implantés dans le quartier du Panier. Alessi Dell'Umbria souligne ainsi, dans son *Histoire universelle de Marseille*, que les natifs de Calenzana s'étaient établis entre les deux guerres dans les rues des Pistoles, des Muettes, du Petit-Puits et sur la place de Lenche. Et de noter que, si les pénibles métiers de l'industrie étaient alors réservés aux émigrés venus de l'étranger, les Corses et les Provençaux « de l'intérieur » pouvaient briguer des emplois dans la marine marchande ou dans la fonction publique.

Jean-Noël et Alexandre Guérini, dont la famille s'est installée au Panier alors qu'ils étaient encore de très jeunes enfants, ont donc creusé ce sillon ancien, traçant leur route chacun à leur façon, mais jamais très loin l'un de l'autre.

L'aîné, homme affable, truculent, charmeur, au verbe haut et à l'humour ravageur, a gravi un à un les échelons de la vie politique et publique locale. Conseiller municipal en 1977 auprès de Gaston Defferre, conseiller général en 1982, élu du canton Marseille-Les-Grands-Carmes. Puis, en 1998, ce fut la consécration, avec son élection à la présidence du conseil général des Bouches-du-Rhône. Une ascension fulgurante, qui ne s'est pas faite sans écraser quelques pieds au passage, notamment ceux de son prédécesseur François Bernardini. Contraint de s'éloigner quelque temps de la vie publique, celui-ci avait commis l'erreur de confier les clés de la fédération et du conseil général à Jean-Noël… qui s'était empressé de changer les serrures.

Pendant que son aîné capte la lumière, le cadet s'active en coulisses. Jean-Noël préside l'office des HLM ? Alexandre dirige une petite société d'entretien qui révise la plomberie des immeubles. Jean-Noël fait son chemin à la fédération socialiste des Bouches-du-Rhône ? Alexandre entre au conseil fédéral et à la commission des adhésions. Jean-Noël devient président du conseil général ? Alexandre se reconvertit dans le traitement des ordures ménagères…

« La plus belle des ruses du diable est de vous persuader qu'il n'existe pas », écrivait Baudelaire. Il faut croire qu'Alexandre n'est pas si rusé. Personne, au conseil général et à la fédération, n'ignore son existence. Plus la presse s'intéresse aux deux frères, plus les langues se délient – quoique toujours anonymes –, dénonçant les menaces, les pressions, les intimidations exercées par le cadet, qui aurait mis au pas l'institution présidée par son aîné, s'immisçant dans les marchés publics.

Même moi, je n'ai pu éviter de croiser le chemin d'Alexandre. J'ai d'abord connu son frère Jean-Noël au conseil municipal, où nous étions tous deux élus. Sa femme était avocate, comme la mienne. Nous avons sympathisé, sincèrement. Sa loyauté totale voire aveugle envers son parti m'avait toujours impressionné : « Je décide ce que veut le parti », avait-il l'habitude de dire, en bon soldat. Je respectais profondément son parcours d'autodidacte, tout en étant conscient des contradictions qui traversaient le personnage. J'avais assisté à l'enterrement de son père, il y a une dizaine d'années. C'est là que j'avais rencontré Alexandre pour la première fois. Ce dernier m'avait salué poliment, me remerciant d'être venu. Je ne l'ai pas revu avant la campagne des municipales de 2008.

Quelques mois avant les élections, un samedi début janvier, je reçois un coup de téléphone de Jean-Noël, qui me dit que son frère veut me parler. Je lui donne rendez-vous chez moi. Lorsque Alexandre arrive, il paraît très tendu. Il refuse tout d'abord d'entrer, ce qui me surprend, puis se ravise. Et là, alors que je l'accueille dans ma propre maison, il devient menaçant, m'accusant d'avoir fait circuler des tracts mensongers contre son frère, me parlant de sa famille et terminant son monologue haineux par cet avertissement : « À partir de lundi, tu fermes ta bouche, tes yeux et tes oreilles. Je ne veux plus entendre parler de toi. » J'en ai assez entendu, je lui demande de partir, sidéré par son culot.

Non, Alexandre n'est pas si rusé. Si ce garçon a jamais eu une quelconque forme d'intelligence, elle a été étouffée dans l'œuf par sa soif de pouvoir, son arrogance et sa brutalité, qui lui ont fait commettre de grossières imprudences. La première a été de se prendre pour un caïd, ce qu'il n'est pas. La plus grave a été de penser qu'il pourrait dicter durablement sa loi à Marseille, à ses habitants et à leurs représentants. Que personne n'oserait s'opposer à lui. Il a suffi d'un coup de bluff à la CUM pour lézarder la statue du « roi des ordures ». En cette fin du mois de novembre 2009, les premières fuites, les perquisitions et les mises en examen ébranlent sérieusement ce que les journalistes commencent à appeler « le système Guérini ».

Dès le 18 novembre, le journaliste Xavier Monnier titre, dans *Bakchich Info* : « La chute de la maison Guérini », et révèle qu'une information judiciaire, confiée au juge Charles Duchaine, a été ouverte pour « trafic d'influence, détournements de fonds publics, marchés truqués voire corruption sur plusieurs dossiers liés aux marchés des poubelles ». Coup de tonnerre. Même si l'information est officiellement ouverte contre X, tous les chemins empruntés par les enquêteurs mènent aux Guérini. Le 19 novembre, les locaux des sociétés d'Alexandre, SMA Vautubière et SMA Environnement, sont perquisitionnés, ainsi que son domicile. Le 30 novembre, c'est au conseil général et à la CUM que les gendarmes s'invitent, puis, fin décembre, à la société

Queyras, partenaire malheureuse de Bronzo lors du premier appel d'offres, et réputée proche d'Alexandre Guérini. Un nouveau tour au domicile de ce dernier quelques jours plus tard bouclera la première salve des investigations. Du moins pour 2009. Entre-temps, les gendarmes ont auditionné plusieurs hauts fonctionnaires de la CUM, notamment Michel Karabadjakian, directeur général adjoint à la propreté, dont Alexandre se vantait, peu de temps auparavant, d'être un ami.

En voyant l'étau se resserrer aussi étroitement autour du frère terrible, tout le monde pense qu'il tombera avant la fin de l'année. Alexandre, lui, ne doute de rien. Il ne se contente pas de se défendre grossièrement dans la presse – à l'en croire, on chercherait à faire plonger un « petit » entrepreneur… lui qui possède une écurie de chevaux de course… –, il va même jusqu'à déposer une plainte pour « dénonciation calomnieuse ». Ce garçon étonnera toujours. Connaissant son culot et son verbe fleuri, tout le monde attend d'ailleurs avec impatience que fuitent dans la presse les écoutes téléphoniques diligentées par la justice, qui promettent des dialogues d'anthologie.

Et Jean-Noël dans tout ça ? J'avoue que, malgré la violence de la campagne des municipales qui nous a opposés, malgré le ressentiment que j'en ai gardé, j'ai du mal à l'imaginer, lui, si droit dans ses bottes dès qu'il s'agit de son parti, se prêter aux agissements de son frère. Lui, le fervent catholique qui ne manque jamais la messe du dimanche, comment aurait-il pu fermer les yeux ? Pourtant, certains éléments sont troublants. On apprend ainsi que, quatre ans avant cette histoire, Alexandre avait souhaité étendre un dépôt d'ordures à La Ciotat, géré par sa société SMA Environnement. Le conseil général avait alors exercé son droit de préemption sur le terrain voisin au titre de « la politique de protection des espaces naturels sensibles » et de « la préservation de la qualité des paysages », selon une délibération du 22 novembre signée Jean-Noël Guérini… Le département avait ensuite rétrocédé le terrain à la communauté de communes Aubagne-La Ciotat, laquelle avait eu l'obligeance d'autoriser l'extension de la décharge d'Alexandre. Fraternel coup de pouce ou inquiétude sincère du département pour le *convulvulus lanoginosus*, adorable fleur blanche aussi connue sous le nom de liseron duveteux, dont la présence sur le terrain mitoyen de la décharge d'Alexandre a officiellement motivé l'acte de préemption ? Chacun est libre de se faire un avis…

Celui des journalistes semble arrêté depuis longtemps. D'autant que, dès la fin de l'année 2009, plusieurs indices laissent soupçonner une affaire d'une ampleur bien plus importante que celle des déchets. La chronologie de l'enquête, tout d'abord : l'information judiciaire aurait été ouverte le 14 avril, soit avant même la réunion de la commission d'appel d'offres qui a mis le feu aux poudres... Une lettre anonyme particulièrement circonstanciée aurait averti dès le mois de janvier le parquet de Marseille de l'existence d'un large système de corruption, de trafic d'influence, de détournement de fonds publics, de prise illégale d'intérêts et de blanchiment. On parle d'agréments suspects donnés à des maisons de retraite, de mouvements de fonds vers l'étranger... Le scandale des ordures ne serait ainsi qu'une pièce d'un plus vaste puzzle ?

La presse nationale se régale. « Chaude ambiance sur la Canebière », « La bouillabaisse bout », et autres « oh fan » et « peuchère » ponctuent les articles, railleurs. Les journaux enfilent les clichés comme des perles pour dépeindre Marseille comme une nature morte au pastis, à la pétanque et aux mains sales. Je devrais me réjouir de voir la vérité éclater, mais j'ai plutôt le sentiment d'un immense gâchis. J'enrage de voir ma ville traînée dans la boue, engluée dans ces stéréotypes d'un autre temps, qui lui font tant de mal.

Cela fait quinze ans qu'avec l'équipe municipale nous nous battons pour imposer une nouvelle vision de Marseille, notre vision de Marseille, celle d'une métropole dynamique, ouverte, diverse, bouillonnante d'énergie et d'initiatives. J'ai l'impression de revenir des siècles en arrière.

Maurice Toga avait cette phrase très amusante sur les Corses, qu'il n'aurait pas manqué de répéter au sujet de l'affaire Guérini, avec ce sourire pétillant d'intelligence qui ne le quittait jamais : « Les Corses en "a" sont là pour résoudre les problèmes des Corses en "i". » À la faculté, il n'y avait d'ailleurs quasiment que des Corses en « i »... Professeurs, assistants, surveillants, la plupart étaient des insulaires. Le Doyen Toga ne m'a pas seulement appris à connaître et à aimer la Corse. Ce petit homme pétri de culture, si droit, si digne malgré les épreuves, a été plus qu'un mentor pour moi, un véritable père spirituel. Il m'a donné la leçon la plus importante de toute ma carrière politique : quoi qu'il arrive, malgré ce que ça coûte, malgré les différends, malgré les ego, il faut avancer soudés. La force de l'union : aujourd'hui cela peut sembler une évidence. Mais à l'époque, à la fin des années 1980, c'était totalement visionnaire. Voire farfelu, aux yeux de mes compagnons du RPR qui rêvaient d'en découdre avec leurs adversaires

UDF. Divisée, la droite perdait les élections nationales et locales les unes après les autres face à une gauche unie. Mais Toga tint bon. J'ai tenu bon aussi, à ses côtés. Nous avons entamé une stratégie d'union avec Jean-Claude Gaudin, alors président UDF de la région PACA. Nous ne l'avons jamais regretté. Et je n'ai jamais oublié la leçon.

Après la disparition de mon mentor en 1989, j'ai poursuivi sa stratégie, coûte que coûte – et il m'en a souvent coûté, ce n'est un secret pour personne. Mais c'est grâce à cette union qu'avec Jean-Claude Gaudin nous avons gagné la ville. Trois fois. Notre alliance n'allait pourtant pas de soi. Nous avions des parcours, des convictions, des personnalités divergentes. Il était enseignant, j'étais médecin, il était un élu expérimenté, j'étais un jeune loup de la politique, il était UDF, j'étais RPR. Le structuré et l'instinctif. L'individualiste et le chef de troupe. Le père et le fils, avec tous les sentiments complexes que cela implique. J'ai toujours eu beaucoup de respect pour l'homme et son parcours. Gaudin est un politique très adroit, qui a réussi à occuper l'espace en laissant un bon nombre de cadors sur la touche. Il avait été élu et réélu à la tête de la région avec une majorité relative et avait su trouver des équilibres qui tenaient, certes, plus de la magie que de la science politique, mais qui tenaient. Il ne manquait pas de courage, s'étant affronté à Defferre, à Le Pen, à Tapie… Il n'avait rencontré qu'un seul échec : il n'avait jamais gagné Marseille.

C'est en 1994, dans la perspective des municipales de l'année suivante, que nous avons scellé un pacte pour notre ville. Le premier ticket Gaudin-Muselier. Nous avons d'abord travaillé chacun de notre côté, écrivant nos projets respectifs. Avec mon équipe, nous avions déjà mis en place, depuis plusieurs années, des cellules de réflexion et de prospective sur les enjeux cruciaux pour Marseille. Notre conviction était la suivante : le socle de base du fonctionnement d'une cité, c'est l'emploi, synonyme de reconnaissance pour l'individu et de richesses partagées. Nous étions prêts. Seul hic : à cette époque, le RPR plafonnait à 5 % dans les sondages à Marseille. Autant dire que nous n'existions quasiment pas. Comment, dès lors, obtenir de l'UDF une liste à 50-50 ?

Les gens de la région connaissent l'histoire de Marius Michel, dit Michel Pacha, enfant de Sanary engagé dans la marine, qui trouva la gloire dans l'Empire ottoman, balisa de phares la Méditerranée et revint bâtir, au début du XXe siècle, une petite Constantinople sur la corniche de la Seyne-sur-Mer. Ce que l'on connaît moins, c'est son premier fait d'arme, en 1839, pendant la guerre d'Algérie. À l'époque seulement fourrier de 2e classe, il s'était porté volontaire pour une opération particulièrement périlleuse destinée à faciliter la prise du port de Djidjelli, un des derniers bastions de résistance en Kabylie. Il avait nagé, de nuit, seul, jusqu'à la plage, un drapeau français enroulé autour de lui, puis il avait discrètement rejoint la mosquée de la ville et escaladé le minaret pour y hisser l'étendard tricolore. Les habitants, à leur réveil, virent le drapeau et crurent que leur ville était tombée pendant la nuit ! Le jeune Marius Michel avait pris le port à lui tout seul. Habile stratagème, qui prouve que le symbole est plus redoutable que la force.

Avec mes compagnons du RPR, nous avons décidé, nous aussi, de planter notre drapeau sur la ville. Nous avons organisé une grande opération de communication, éditant un livre sur notre programme et nos idées, préparant des affiches de campagne RPR (avec un olivier à la place du célèbre pommier de Jacques Chirac). Nous avons surtout fait venir une foule importante au Palais des Congrès, en prenant soin d'inviter des journalistes de télévision. Les images ont été reprises partout : nous sommes apparus comme une force importante, crédible et structurée.

Suite à cela, l'ensemble de nos propositions ont été reprises dans le programme commun

RPR-UDF que nous avons présenté avec Jean-Claude ! Nous avons bâti ensemble une liste jeune, dynamique, respectueuse de toutes les composantes de la ville. Une véritable promesse de renouveau pour Marseille, qui en avait bien besoin. En 1995, elle comptait 23,5 % de chômeurs. Le port était en grève cent quatre-vingt-cinq jours par an. Les transports étaient embryonnaires. Surtout, l'image de la ville était désastreuse. Elle faisait fuir un millier d'habitants par an. À Marseille, tout était à faire ou à revoir.

Une seule chose aurait pu mettre à mal l'alliance que nous avions scellée avec Jean-Claude Gaudin : le calendrier politique. Pour la présidentielle de 1995, nous avions choisi deux camps opposés. Il soutenait Édouard Balladur, j'étais derrière Jacques Chirac. Jean-Claude ne croyait pas du tout à la victoire de ce dernier. Il faut dire que six mois seulement avant les élections, mon candidat plafonnait péniblement à 17 % dans les sondages… Ses soutiens se dérobaient les uns après les autres. C'était le mercato tous les jours. Seuls quelques hussards tenaient encore bon dans le département des Bouches-du-Rhône. La confiance aveugle de Gaudin en la victoire de Balladur était telle qu'elle lui avait fait commettre une grave imprudence : au tout début du mois de février, Jacques Chirac était venu à Marseille pour un meeting. Avec Léon

Vachet, Bruno Gilles et les derniers fidèles chiraquiens, nous avons rempli les sept mille places du Dôme, le Zénith de Marseille. Hasard du calendrier ou réel effet sur sa campagne ? Jacques Chirac ne cessa, depuis ce meeting, de monter dans les sondages. Avant la réunion, il avait invité tous les élus locaux pour les saluer. Il avait même reçu le président socialiste du conseil général, Lucien Weygand. Jean-Claude Gaudin n'avait pas daigné se déplacer. Il s'en est mordu les doigts par la suite.

Malgré tout, le pacte que nous avions conclu en 1994 a tenu bon. La politique nationale n'est pas venue polluer notre unité et c'est ensemble que nous avons remporté Marseille pour la première fois en 1995. J'ai un souvenir très vif de l'euphorie extraordinaire qui a suivi notre victoire. Pour la première fois de ma vie, j'ai senti l'ivresse d'être porté par un fantastique élan populaire, une liesse inoubliable. Une nouvelle page s'ouvrait pour Marseille. Tout nous semblait possible. Dans la voiture qui nous menait à l'Hôtel de Ville, Jean-Claude s'est penché vers moi et m'a dit, complice et paternel : « Tu vois, je suis maire, cela fait des années que j'attends ça. La prochaine fois, ce sera toi. » J'ai souri. J'avais trente-cinq ans seulement, la vie devant moi, des milliers de projets et d'envies. Je ne pensais pas une seule seconde à m'installer dans son fauteuil. Mais je n'ai jamais oublié sa promesse. Comment aurais-je pu, du reste ? Il me l'a répétée tant de fois pendant les quinze années qui ont suivi…

Quand on a connu ce genre de joie, cette communion extraordinaire avec son équipe victorieuse, avec ses électeurs rassemblés, je ne sais pas si l'on peut jamais décrocher. Aussi durs que soient les coups, aussi inattendus les revers, aussi blessantes les trahisons, on vit toute sa vie pour des moments comme celui-là. Lorsque nous sommes arrivés devant la mairie, la foule nous attendait, nombreuse et survoltée. Tout le monde était là. Nos équipes s'embrassaient. Jean-Claude Gaudin a pris la parole, avec le talent d'orateur qui est le sien et une sincère émotion. Je me tenais à ses côtés, savourant ce moment d'exception. Puis, j'ai eu une idée : je me suis tourné vers Claude Vallette, un compagnon de la première heure au RPR, pour lui demander les clés de sa maison. Je les ai tendues à Jean-Claude en lui disant : « Vous vouliez les clés de la mairie : les voilà ! » J'ai toujours, dans mon bureau, la photo de cet instant magique, où nous sommes tous réunis, radieux, triomphants, autour de notre nouveau maire qui brandit fièrement les clés… de la maison de Claude Vallette !

Nous y sommes, enfin. On attend beaucoup de nous. Nous allons tout donner. Avec Jean-Claude, nous partageons tous les postes d'adjoints entre nos deux équipes. Je deviens premier adjoint. Il me demande de choisir les délégations qui m'intéressent. Fidèle à mon projet d'origine, je prends en charge l'économie, l'emploi, la formation professionnelle, les zones d'activité et l'établissement public d'intérêt national Euroméditerranée, dont je suis nommé président. L'aventure commence.

Je crois que l'acte qui a véritablement fondé notre unité avec Jean-Claude, ce fut notre décision de nous réunir tous les deux dans son bureau, en tête-à-tête, tous les lundis matin, pour régler les problèmes ensemble. Nous nous y tenons depuis plus de quinze ans, quoi qu'il arrive, quels que soient les impératifs extérieurs, quelles que soient les tensions entre nous. La réunion peut durer dix minutes, une demi-heure, une heure. Elle peut être sympathique, tendue, orageuse, franchement désagréable. Mais rien, jamais, ne sort de nos entrevues. Gaudin décide, mais il m'écoute avant. Si je ne suis pas d'accord avec une de ses décisions, il ne la prend pas. C'est la clé de notre succès, j'en suis convaincu, d'avoir su affirmer un pouvoir politique fort depuis quinze ans. Aujourd'hui, Marseille est desservie par le TGV, ses zones franches ont attiré de nombreuses entreprises, l'habitat a été rénové, douze kilomètres de tramway quadrillent la ville, le chômage a baissé de près de 50 %. Aujourd'hui, Marseille bouge, vit, change à toute allure et attire sans cesse de nouveaux habitants.

Mais en 2010, après quinze ans de réussites et de redressement, Marseille replonge. Marseille est de nouveau traînée dans la boue, gangrénée par la corruption. Comment un tel gâchis a-t-il été possible ? Comment avons-nous pu laisser se développer un tel système ? Je ne vois qu'une réponse : la désunion. C'est la désunion de notre camp qui a permis à la pieuvre de prospérer. Nous n'avons pas été à la hauteur du rêve de Maurice Toga.

Chapitre 3

MAIN BASSE SUR LA CUM

Tout a commencé à se déliter en 2008, pendant la campagne des municipales. Lorsque nous briguons notre troisième mandature avec Jean-Claude Gaudin, nous sommes plutôt sûrs de nous. Nous avons cinq députés élus ou réélus sur huit à Marseille. Le président de la République nous soutient. Nous pouvons être fiers de notre bilan, notre ville est dans une dynamique très positive et nous entendons bien poursuivre le mouvement. La candidature de Jean-Noël Guérini, venu me provoquer dans mon propre secteur municipal (les 4e et 5e arrondissements, dont Bruno Gilles est le maire), ne nous inquiète pas.

Mais la campagne dérape rapidement. Nous voyons arriver Alexandre et son cortège de gros bras armés qui harcèlent nos colleurs d'affiches. Les menaces pleuvent contre nos équipes et nos militants, bientôt mises à exécution : le chauffeur de Bruno Gilles, le fidèle Roger Barski, se fait agresser. Quatre types avec des casques de moto surgissent derrière lui alors qu'il prend tranquillement un café dans un bar du boulevard Chave, et le traînent dans une petite salle à l'écart : « On va te mettre des cailloux aux pieds et tu vas donner à manger aux poissons. » Ambiance. Les caïds sont de sortie. Dans l'excitation, ils se trompent parfois de cible. Lorsqu'ils voient un homme retirer d'une boîte aux lettres le livre de propagande que Jean-Noël avait généreusement distribué à tous les Marseillais pour y mettre ce qu'ils pensent être un de nos tracts, ils l'envoient à l'hôpital. C'était le facteur, qui faisait de la place pour le courrier… N'ont-ils pas remarqué son uniforme ? Il paraît que les taureaux distinguent mal les couleurs et chargent tout ce qui bouge.

Des sondages suspects paraissent dans plusieurs journaux locaux à la veille des élections – on murmure que le conseil général a acheté l'organisme de sondages toulousain. Vient l'heure du premier tour. La tension monte d'un cran. Alexandre pousse l'intimidation presque jusque dans les isoloirs : il entre dans un bureau de vote[1] et demande à la personne qui le préside de lui donner les feuilles d'émargement. Celui-ci refuse, arguant qu'il n'en a aucun droit.

— Vous ne trouvez pas qu'il fait chaud ici ? lui demande Alexandre en ouvrant sa veste, laissant entrevoir une arme.

— Si vous avez trop chaud, vous n'avez qu'à sortir, lui répond le président du bureau de vote, qui ne manque pas de cran.

Malgré les pressions, les menaces, les méthodes de barbouzes, les chiffres tombent, têtus. Jean-Noël Guérini comprend qu'il ne gagnera pas. Les résultats sont là : il a plus de quatre points de retard. Dès le lendemain du premier tour, il m'appelle :

— J'ai un dossier sur toi, tu vas tout perdre. Alors tu m'enlèves tes buffles des bureaux de vote. Si tu ne le fais pas, il y a du sang qui va couler dimanche. Et si le sang coule, ce sera de ta responsabilité.

Il hurle au téléphone comme un animal qu'on égorge. Mon portable est vissé à mon oreille mais mon collaborateur Jean-Philippe Ansaldi, qui est à côté de moi, entend clairement ses menaces et ses grossièretés. Je lui raccroche au nez.

1. Bureau de vote 551, école élémentaire, boulevard Baille, dans le 5e arrondissement de Marseille.

Nous sommes plutôt inquiets. Nos militants sont des gens formidables, motivés et énergiques. Mais ils font figure de doux agneaux face à la bande de voyous téléguidée par les Guérini. Je décide d'appeler le préfet de police pour lui demander de protéger les bureaux de vote au second tour dans mon secteur, le troisième secteur de Marseille. C'est là que l'élection se joue, que Marseille se gagne ou se perd.

— Monsieur le ministre, me répond-il, on ne peut pas demander aux gens d'aller voter sous protection policière. Vous réalisez l'image que ça va donner ?

— Et si le sang coule dimanche, vous pensez que l'image sera meilleure ?

J'appelle Michèle Alliot-Marie, ministre de l'Intérieur, et François Fillon, Premier ministre, pour leur demander des forces supplémentaires, que j'obtiens. Je ne suis pas particulièrement fier de faire voter mes concitoyens dans ces conditions, mais je ne vois pas d'autre solution. Les élections se déroulent dans ce climat surréaliste. Notre liste arrive en tête avec 51,43 % contre 48,57 % pour Jean-Noël Guérini – soit près de mille voix d'avance. Bruno Gilles sera réélu maire du secteur. Nous avons gagné. Applaudissements à l'Hôtel de Ville, ovation à l'Assemblée, Une du *Point* ; les ennuis commencent…

Gaudin est donc réélu maire, pour la troisième fois. Mais pour cette nouvelle mandature, nous décidons de rebattre les cartes. Je cède ma place de premier adjoint à Roland Blum et la présidence d'Euroméditerranée à Guy Tessier. Je refuse également une proposition du Premier ministre François Fillon d'entrer au gouvernement car je me lance dans la campagne pour la présidence du Conseil de la CUM, dont l'élection doit intervenir un mois plus tard. Face à moi, la gauche présente un candidat insignifiant, un certain Eugène Caselli, dont je n'ai jamais entendu parler si ce n'est en tant que premier secrétaire du PS local. Je suis impatient de me remettre au service de ma ville. Les électeurs ont fait confiance à la droite dans la majorité des communes, je pars serein, avec seize voix d'avance.

Le vote a lieu le 17 avril 2008. Ma femme est venue me soutenir avec nos quatre enfants. Elle se tient dans le public, en retrait, discrète, comme toujours, mais sa présence me réconforte. Ma mère est là aussi, aimante, fidèle et passionnée. Les photographes s'agglutinent devant moi pour prendre des clichés de celui qui leur semble déjà tout désigné. Les flashes crépitent, pendant que les scrutateurs dépouillent les bulletins un par un et annoncent les voix : Muselier – Caselli – Muselier – Muselier – Caselli – Caselli – Caselli – Caselli…

Je ne sais plus à quel moment exactement j'ai compris ce qui se passait. Je me souviens d'un bruit impressionnant, comme une volée de moineaux paniqués : les photographes se sont brutalement détournés de moi pour se diriger vers mon adversaire. Je me retrouve seul, réalisant lentement l'impossible : il me manque une voix. Je perds l'imperdable. J'échoue face à un homme dont j'ignorais presque le nom quelques semaines auparavant. Face à la nuée de journalistes, je tente de garder ma contenance. Mes collaborateurs sont blancs comme des linges. Jean-Claude Gaudin, lui, reste impassible. Son visage s'est fermé, indéchiffrable. Un sphinx. Il sait qu'il vient de se condamner pour la présidence du Sénat, à laquelle il aspirait.

Je suis censé m'exprimer après le vote. Heureusement, une interruption de séance est demandée. Le groupe se réunit, mais j'ai du mal à entendre les élus. L'humiliation est terrible ; le choc, d'une violence extrême. Mais j'assume quand, quelques minutes plus tard, je prends la parole dans l'hémicycle surchauffé. Je rassemble l'énergie qui me reste, me lève et prends le micro. Je salue Gaudin, je salue le nouveau président. Je m'incline devant le vote tout en expliquant qu'il inaugure une ère de grandes difficultés pour la CUM.

La seconde communauté de communes de France, qui est à droite sur le papier, est passée à gauche. Le crime parfait. Le hold-up du siècle, légal mais d'un mépris sidérant vis-à-vis des électeurs. C'est un désastre politique pour la droite, un drame pour Marseille et une cuisante leçon pour moi.

Après l'incompréhension vient la colère, puis la paranoïa, permanente. Les chiffres sont là : il me manque dix-sept voix. Comme dans *Le Crime de l'Orient Express*, le meurtre a été accompli collectivement. Je dois affronter la pire des réalités : j'ai été battu par mon propre camp. Je ne sais absolument pas qui a bien pu me trahir. Je n'en ai aucune idée, ce qui ajoute encore à l'échec : moi qui me flatte d'avoir un instinct très sûr, je n'ai pas été capable de voir ce qui se tramait au sein de ma propre famille.

En un éclair, je passe du piédestal au pilori. Grandeur et décadence de la vie politique… Fédérateur, chef de troupe depuis plus de dix ans, je deviens pestiféré, tout juste fréquentable. Mes anciens amis politiques, qui, pour un bon nombre d'entre eux, me doivent tout, m'évitent. Je me rappelle ce que m'avait répondu Maurice Toga, quand je lui avais demandé pourquoi autant de médecins lui en voulaient, y compris ceux qu'il avait mis en place : « Ceux que j'ai nommés m'en savent gré pendant six mois et après, pour montrer leur indépendance, ils s'éloignent de moi. Ceux que je n'ai pas nommés m'en veulent toute leur vie. » Moins philosophe que mon mentor, je mettrai deux ans à panser dans mon dos la plaie béante de la trahison.

Les rumeurs courent, des noms commencent à circuler. Certains, y compris en plus haut lieu – jusqu'à l'Élysée – désignent Jean-Claude Gaudin comme le grand fomentateur du complot visant à m'abattre. Gaudin en père cruel prêt à sacrifier son jeune poulain qui lui fait un peu trop d'ombre ? Gaudin qui s'accroche à son trône pour exorciser le temps qui passe et qui le pousse inexorablement vers la sortie ? Je ne peux pas y croire, et ce n'est pas une candeur aveugle vis-à-vis de mon partenaire de toujours qui m'anime.

Je ne peux pas croire en sa trahison parce que je connais bien l'homme et je le sais trop habile. Si j'ai tout perdu dans cette histoire, lui n'a rien gagné, bien au contraire. Ceux qui m'ont abattu l'ont amputé par la même occasion. Tous les équilibres que nous avions construits tombent. Il n'a plus que deux voix d'avance au Conseil municipal. 70 % des compétences dépendent de la CUM. La ressource financière la plus importante n'est pas à la Ville, mais au conseil général. Gaudin se retrouve donc en 2008 avec un pouvoir faible, des compétences kidnappées par un homme arrivé là par hasard, les clés du trésor détenues par un président du conseil général qui rêve de l'étrangler, sans oublier un État de droite qui ne comprend plus rien à ce qui se passe à Marseille. Et tout ce petit monde s'embrasse, se menace, se trahit ou s'achète. Non, la situation n'a rien de confortable pour Gaudin.

De mon côté, tout ce que j'ai réalisé depuis tant d'années s'écroule pour le pire des motifs : la trahison. Je redeviens simple conseiller municipal et je reste député. Mes adversaires n'osent pas me donner le coup de grâce – par peur de se dévoiler ? –, je suis élu premier vice-président de la CUM et président d'un groupe majoritaire… d'opposition ! Je fais bonne figure, je donne le change en public, mais à l'intérieur, je suis brisé. J'ai envie de tout laisser tomber, de les laisser tous croupir dans leur panier de crabes en les regardant s'entre-dévorer. Mon moteur a toujours été le désir de justice, jamais la haine revancharde. Pourtant, pour la première fois de ma vie, j'ai un violent besoin de démolir tous ceux qui m'ont laissé pour mort sur le côté de la route. Un par un. Je sais que j'ai un vrai pouvoir de nuisance : dans les deux voix d'avance dont Gaudin bénéficie au conseil municipal, il y a la mienne et celles de mon carré de fidèles. Avouez que c'est tentant.

Au lendemain de ma défaite, ma femme Stéphane ne trouvait pas de mots assez durs pour qualifier mes Judas, qu'elle était certaine de bien connaître. Sans doute les avait-elle même, pour certains, reçus à notre table. Mais lorsque je lui confesse mon envie d'en découdre, elle me surprend : « Ce n'est pas de ton niveau », me répond-elle en haussant les épaules. Elle me remet en selle. « Tu as quarante-huit ans. Tu as été quatre fois député, deux fois ministre. Tu as reconstruit ta ville. Tu n'as jamais été mêlé, ni de près ni de loin, à des histoires sordides. Tu as un nom respecté, des alliés solides, des amis fidèles, un métier que tu aimes et tu peux compter sur ta famille pour te soutenir. Est-ce que tu veux démolir tout ce que tu as construit ? Est-ce que tu as fait tout ça pour te contenter d'un petit rôle d'emmerdeur ? »

En une seconde, elle a balayé d'un revers de main ce que nous appelons depuis ma « tentation de Beyrouth ». Je choisis de sauver ce qui peut encore être sauvé. Mais avant de retourner dans l'arène, avant de décider si oui ou non je continue la politique, j'ai besoin de savoir ce qu'on pense de moi au niveau national. C'est le national qui donne les investitures et sans lui, rien n'est possible. Je fais donc la tournée des Grands Ducs : je rends visite à Gérard Larcher, Bernard Accoyer, Jean-François Copé, Jean-Michel Goudard, Brice Hortefeux, Nicolas Sarkozy. Ils me connaissent tous très bien. La plupart sont mes amis. J'ai été ministre aux côtés de certains d'entre eux. Ils savent le travail que j'abats dans la plus importante fédération de France. À chacun, je pose trois questions très simples, les yeux dans les yeux : que pensent-ils de ce qui s'est passé ? Croient-ils pouvoir parachuter un autre candidat à Marseille pour les municipales de 2014 ? Dans le cas contraire, sur qui vont-ils miser ? Aucun d'eux ne pense qu'un parachutage est possible. Tous me soutiennent. Le président de la République me demande de poursuivre mon alliance avec Jean-Claude Gaudin, malgré tout.

Je rentre revigoré, mais j'hésite encore. La méfiance règne. Je décide de transformer mon handicap en force. On cherche à m'isoler ? Tant mieux, je refuse de me compromettre avec ceux qui m'ont lâchement abandonné. On veut m'empêcher de mettre mon nez dans les affaires de la CUM ? Je tourne mon regard vers d'autres horizons, plus vastes.

Je vois Europe et Méditerranée : le président de la République me confie la présidence du Conseil culturel de l'Union pour la Méditerranée.

Je vois 2013 : je demande à Jean-Claude Gaudin la délégation de Marseille 2013 capitale européenne de la culture, qu'il m'accorde immédiatement.

Enfin, je vois 2014 et les municipales. Je sais que dans l'esprit des Marseillais, j'incarne la relève. Malgré tout ce qui m'est arrivé, 58 % des Marseillais pensent que je serai candidat aux prochaines élections et j'ai 51 % de bonnes opinions (contre 50 % pour Guérini et 66 % pour Gaudin). J'irai jusqu'au bout, quoi qu'il arrive. Stop ou encore ? Mon choix est fait. Ce sera encore, et à fond. D'autant que je pressens, vu les conditions de ma défaite à la CUM, que l'on approche d'une crise de gouvernance qui va desservir ma ville.

Reste la question de l'image. Après ma défaite à la CUM, les critiques ont fusé, dans mon propre camp. Impitoyables, souvent injustes. Un seul échec a balayé vingt-cinq ans d'engagement et ce, au plus haut niveau de la vie politique nationale. Hier encore j'étais le jeune espoir de la droite marseillaise, aujourd'hui je suis un chien fou qui a tout eu trop vite, trop tôt. Tu parles trop. Tu souris trop. Tu es trop sympa, trop accessible, pas assez crédible. Tu ne te prends pas au sérieux. J'encaisse.

Mais quand on me somme de revoir mon équipe, je m'étrangle. Il n'y a rien de plus important pour moi que la fidélité. Je suis l'inverse d'un solitaire. Toute ma vie, j'ai aimé être entouré. Dans ma vie personnelle, dans mes différentes responsabilités, même dans le sport, où je joue collectif. Je n'envisage l'action qu'en équipe, depuis toujours.

Au lycée, nous étions toute une bande, une petite quinzaine de copains, très soudés. Un jour, l'un des nôtres, notre ami Philippe Daher, est tombé malade. Le diagnostic est tombé comme un couperet : chondrosarcome, un cancer des cartilages. Incurable. Il était condamné. Il avait dix-huit ans et il ne lui restait plus qu'un an à vivre. La nouvelle a été très dure à accepter pour nous, mais nous ne l'avons jamais quitté. Pendant un an, on s'est retrouvé presque tous les soirs chez lui. On a fait de sa chambre un lieu de rendez-vous, de discussion, un lieu de vie, pour exorciser la souffrance, immense, et la peur. Quand il est parti, nous avons tous eu le sentiment d'être des miraculés. Cela peut sembler un cliché de dire ça, mais nous l'avons tous vécu de la même façon. Comme si la mort de Philippe nous obligeait, tous, à profiter de la vie, à savourer chaque instant, chaque jour, chaque minute, comme quelque chose d'exceptionnel. La vie comme du rab. Un bonus offert par Dieu. Depuis, nous ne nous sommes jamais quittés. Nous avons tous suivi notre voie, embrassé des carrières très différentes. Certains se sont dirigés vers le droit, d'autres vers la médecine, d'autres encore n'ont pas fait d'études. Certains ont quitté la ville. Mais nous ne nous sommes jamais perdus de vue. Et quand nous nous retrouvons, c'est toujours avec la même complicité, la même tendresse et la même force.

Le père de Philippe a disparu en 2011. À son enterrement, nous sommes tous arrivés séparément, mais ma femme m'a fait remarquer que, sans en être conscients, nous nous étions tous retrouvés dans le même endroit de l'église, tapis dans un coin, rassemblés, soudés voire collés les uns aux autres, comme si Philippe avait voulu nous guider. Un peu comme ces poissons qui nagent en banc et prennent simultanément les mêmes virages. Cette amitié très forte m'a construit, elle m'a structuré. Je n'ai jamais voulu ni su jouer en solo.

Les personnes qui travaillent avec moi sont, pour la plupart, à mes côtés depuis mes débuts. Ils me connaissent mieux que personne. À l'image de Sabine Bisogno, mon chef de cabinet, que j'ai recrutée pour son premier emploi en 1992 à la permanence du RPR, qui était alors rue Sainte-Cécile. D'une loyauté à toute épreuve, elle est aujourd'hui la mémoire vivante de mon parcours marseillais. Mes collaborateurs et moi avons évolué ensemble, vécu chaque victoire ensemble. Comment peut-on me demander de me débarrasser de Jean-Luc Ivaldi, Laurent Simon, Régine Biliani, Stéphanie Nucera, Sabine… et tous les autres ? Je sais qu'il faut que je donne l'impression d'avoir compris la leçon. Mais il n'est pas question de me séparer de mes fidèles. J'étoffe mon équipe, je la renforce et la densifie, je change mes méthodes de travail. Et on repart.

Je me décide aussi à faire des efforts personnels. Je mets la pédale douce sur les plaisanteries, je n'enlève plus mes chaussures en réunion… Si, pour mes détracteurs, la crédibilité tient à ça, je peux les satisfaire à moindre coût – pendant un temps, du moins. Car, ne leur déplaise, j'ai derrière moi un parcours politique solide, et s'il y a bien une chose que j'ai apprise durant ces vingt-cinq dernières années, c'est que la roue tourne. Elle tourne plus ou moins lentement, mais elle tourne. Toujours. Nul besoin de forcer le destin en enfilant un costume qui n'est pas le sien. Ce fut la grande leçon de ma nomination au Quai d'Orsay, en 2002.

Avant mon entrée au gouvernement Raffarin, mon parcours national pouvait se résumer ainsi : « Toujours nominé, jamais nommé. » J'étais un chiraquien de la première heure, fidèle parmi les derniers fidèles de la région. Aussi, quand Jacques Chirac devient président de la République en

1995, on me promet d'entrer au gouvernement. Alain Juppé, à peine nommé Premier ministre, m'appelle pour me dire que j'y suis. Mais je n'y serai finalement pas. Les gouvernements Juppé s'enchaînent, ainsi que les promesses, mais je reste toujours sur la touche. Pendant ce temps, Jean-Claude Gaudin, qui avait soutenu Balladur, devient ministre de la Ville. Ingratitude de la vie politique. D'un autre côté, il n'a jamais été ministre, c'est son tour. Je fais avec. Je sais que les promesses n'engagent que ceux qui les reçoivent et ne suis pas du genre à réclamer, à faire du chantage ou à me rouler par terre. J'ai du travail dans ma ville. J'attends mon heure.

En 2002, je me sens prêt. Je décide de me positionner davantage en ciblant clairement un ministère, celui des Sports. Je deviens rapporteur du budget pour les sports à l'Assemblée et travaille pour cela en lien étroit avec le conseiller de Chirac, Jean-François Lamour, deux fois champion olympique de sabre et homme politique avisé, avec qui je m'entends très bien. Une nouvelle fois, tout au long de la campagne présidentielle, on me promet le poste. Au lendemain de la réélection de Jacques Chirac, je téléphone à l'Élysée pour avoir la confirmation. Personne ne répond. Je sens que ça tourne au vinaigre. Jean-François finit par m'appeler, pour me dire qu'il a une bonne et une mauvaise nouvelle.

— Commence par la mauvaise.
— Tu n'es pas ministre.
— La bonne ?
— C'est moi qui ai été nommé. J'ai décliné la proposition trois fois, mais je n'ai pas pu faire plus.

Je digère la nouvelle.

— Bon. Tu es un vrai chiraquien, tu as été double médaillé d'or aux Jeux et porte-drapeau. Tu es mon ami. Je préfère que ce soit toi plutôt qu'un autre, tu le mérites.

Je raccroche. La pilule est plus dure à avaler que je ne veux bien le faire croire. L'après-midi, je regarde, plutôt amer, les nominations à la télévision. Le secrétaire général de l'Élysée égrène les noms des heureux élus qui entrent au gouvernement. Et, moi qui n'ai jamais eu aucun homonyme dans ma classe depuis ma naissance, aucun autre « Renaud » sur les bancs de mon école ou de mon lycée, je sursaute par deux fois en entendant Philippe Bas nommer Renaud… Donnedieu de Vabres, ministre de la Culture et de la Communication, et Renaud… Dutreil, secrétaire d'État aux PME, au Commerce, à l'Artisanat, aux Professions libérales et à la Consommation. Cruel pied de nez du hasard…

Peu de temps après, le président de la République me convoque à l'Élysée.

— Comment t'entends-tu avec Jean-Pierre Raffarin ?

— Il est sénateur UDF de Poitou-Charentes, je suis député RPR des Bouches-du-Rhône. Autant dire que je m'entends très bien avec lui, puisque je ne le connais pas !

— Bon. Tiens-toi prêt. Tu vas entrer au gouvernement.

Je sors de l'Élysée, heureux d'avoir vu mon président, que j'admire malgré tout, mais convaincu de m'être fait rouler dans la farine une nouvelle fois. Je rentre à Marseille pour préparer les législatives. Nouvelle victoire. Le soir de l'élection, mon téléphone sonne, à 21 h 30.

— Renaud, c'est Dominique [de Villepin]. Demain, Raffarin va t'appeler. Tu viens avec moi au Quai.

Moment de silence, médusé. Je suis assailli de sentiments contradictoires. Je suis très lié à Villepin, depuis longtemps, et ce poste est une marque de confiance énorme : un ministère régalien, des enjeux cruciaux pour notre pays. Mais j'ai travaillé pour être ministre des Sports, pas secrétaire d'État aux Affaires étrangères. Je reprends mes esprits et pose deux conditions :

— Moi, je suis avec les Arméniens. Je ne peux pas défendre l'entrée de la Turquie dans l'Europe.

— Tu ne t'en occuperas pas.

— Autre chose : je suis très intéressé par le multilatéral et les Nations unies. Je voudrais t'accompagner à l'ONU quand tu y vas.

Dominique accepte. Je me félicite encore aujourd'hui d'avoir eu la présence d'esprit – et le culot – de poser cette dernière condition. J'ai ainsi pu vivre sept conseils de sécurité, trois assemblées générales des Nations unies, à un tournant décisif de la vie internationale, juste après le 11-Septembre et juste avant l'intervention américaine en Irak.

Les choses sérieuses commencent. La première urgence, lorsque vous devenez ministre, c'est de choisir vos collaborateurs. J'ai bien conscience de détonner au Quai d'Orsay. J'ai beaucoup à donner, mais je sais aussi que j'ai beaucoup à apprendre. Il y a deux écueils à éviter, lorsque vous n'êtes pas du sérail.

Le premier, c'est de prendre des conseillers déjà très proches de vous, qui vous rassurent. Un cabinet uniquement composé de fidèles Marseillais m'aiderait sans doute à faire passer le mal du pays, mais pas à maîtriser à fond l'ensemble des dossiers. Inversement, un cabinet rempli d'énarques et de diplomates ne saurait peut-être pas gérer ma personnalité, que j'entends bien garder pleine et entière. Je prends soin d'additionner les valeurs, de recruter les plus grandes compétences, dans des milieux très différents. Je n'ai jamais exigé de mes collaborateurs qu'ils votent UMP, mais je leur ai toujours demandé beaucoup de travail, de disponibilité, et la plus grande loyauté. Une fois les perles rares rassemblées, la subtile alchimie trouvée, nous nous mettons à l'œuvre. Je travaille d'arrache-pied pour maîtriser les enjeux extrêmement complexes de mon portefeuille. Je digère des kilomètres de notes sur les pays, les régions du monde, le bilatéral, le multilatéral.

Le second écueil à éviter, c'est de vous prendre pour ce que vous n'êtes pas. L'enjeu, c'est de m'imposer, moi, homme politique de terrain, dans cet univers de diplomates. Je comprends vite qu'il y a, pour cela, deux conditions *sine qua non* : bien m'entendre avec mon ministre de tutelle, sinon toute action est impossible – sur ce point, je n'aurai aucun problème, ayant beaucoup d'estime pour Dominique –, et ne jamais me laisser dicter ma ligne de conduite par les fonctionnaires – il est aussi impératif de respecter les éléments de langage que de garder sa liberté politique. Je ne serai jamais un diplomate, mais eux ne seront jamais des politiques. Quand les ministres veulent jouer aux directeurs de service, c'est l'échec assuré. Et vice versa.

L'épreuve du feu a lieu pour moi quelques semaines seulement après ma nomination : tous les ans, à la rentrée, a lieu la Conférence des ambassadeurs, qui rassemble tous les diplomates français de par le monde. C'est une sorte de grand oral pour les ministres, qui présentent leur feuille de route pour l'année. Les règles du jeu sont très simples : je suis le quatrième à m'exprimer, après Dominique de Villepin, Noëlle Lenoir, ministre des Affaires européennes et Pierre-André Wiltzer, ministre délégué à la Coopération et à la Francophonie. Le premier a prévu de parler une heure, les deux suivants trois quarts d'heure. Autant dire qu'ils auront eu le temps non seulement de balayer l'ensemble des sujets, mais aussi de se répéter entre eux... Ma position n'est donc pas la plus confortable.

Elle l'est d'autant moins que nous n'arrivons pas à obtenir les projets de discours des autres orateurs – même si les ministres s'entendent parfaitement bien, la guéguerre est de mise entre les différents cabinets, jaloux de leurs prérogatives. Nous ne savons donc pas ce que mes trois prédécesseurs vont dire exactement, nous savons seulement qu'ils vont parler pendant deux heures et demie.

Je me mets à la place de l'auditoire et me demande quelle pourra être ma plus-value. Mon directeur de cabinet m'a préparé un très bon discours, bien structuré, parfait sur la forme, mais qui ne me ressemble pas du tout. J'ai beau le retravailler, l'annoter, l'amender, rien à faire, je n'arrive pas à me l'approprier. J'ai l'impression d'enfiler un costume qui n'est pas le mien. La date approche, l'inquiétude grandit. La veille du jour fatidique, moi qui ai toujours dormi d'un sommeil de plomb, je ne ferme pas l'œil. Je me lève au beau milieu de la nuit, ressors mon discours et me mets à le raturer et à le réécrire entièrement. De trente minutes, je le ramène à dix.

Le lendemain, face à la foule impressionnante des diplomates, je prends la parole : « Tout vous a déjà été dit. La question maintenant, est : qui suis-je ? Je ne suis pas un diplomate, je suis un politique. Vous vous demandez à quoi je sers. Je vais vous répondre de façon très simple : Dominique de Villepin fait tout et moi je fais le reste. Et il y a encore beaucoup à faire. » Explosion de rire dans la salle. Je ressors sous les applaudissements, soulagé. Avec cette formule qui m'a valu le prix de l'humour politique, j'avais fait passer un message très clair : chacun son rôle. Je ferai le boulot, mais je ne me laisserai rien imposer. Le message a été reçu cinq sur cinq, je n'ai jamais eu aucun problème avec les diplomates par la suite.

Je n'ai d'ailleurs pas tardé à prouver la valeur et l'utilité du politique dans les relations internationales. Remettons-nous dans le contexte : un peu plus d'un an après le 11-Septembre, les

États-Unis fourbissent leurs armes contre l'Irak, accusée de soutenir Al-Qaeda et de détenir des armes de destruction massive. C'est dans cette ambiance tendue que j'assiste à ma première assemblée générale des Nations unies. Un programme chargé, pour une expérience inoubliable.

J'arrive à New York un jour avant Dominique de Villepin, retenu à Paris. Je suis convié à un déjeuner auquel participent tous les représentants des Nations unies. Comme la France est membre permanent du Conseil de sécurité et que Dominique n'est pas encore là, je me retrouve à la table de George W. Bush. L'après-midi, je me recueille sur le site du 11-Septembre. Le soir, une réception officielle réunit les ministres et les ambassadeurs. Cette fois, c'est Dominique qui y représente la France. Je décide d'aller voir un match de base-ball avec un ami marseillais expatrié aux États-Unis, Thierry Daher, le frère de Philippe.

Le lendemain, nous débriefons avec Dominique, les diplomates et nos cabinets : le président Bush s'est exprimé la veille à la tribune des Nations unies, il a soldé un vieux contentieux en annonçant qu'il allait régler les quotes-parts des États-Unis à l'ONU, à ses agences et à différents organes. Pour les fonctionnaires du Quai, cela signifie qu'il rentre dans le rang et renonce à intervenir en Irak. Chacun s'étant exprimé, je prends la parole pour raconter ma journée américaine. Le déjeuner avec Bush, tout d'abord, et l'impression très forte qu'il m'a laissée, celle d'un chef d'État convaincu de sa toute-puissance, qui a dominé, y compris physiquement, à table, tous les autres dirigeants du monde. Ma visite à Ground Zero, ensuite, l'émotion terrible qui s'en dégage, comme une plaie béante dans l'âme des Américains. Enfin, ma virée au stade de baseball, et ma stupéfaction de voir les supporters se lever, en plein milieu du match, pour chanter d'une seule voix *God Bless America*. Je suis persuadé que ce peuple, touché en plein cœur, veut en découdre. Je suis sûr que Bush est prêt à y aller. Cela n'a rien à voir avec la science diplomatique, c'est du pur ressenti. C'est le travail du politique, de prendre le pouls d'un peuple, de la rue, d'un stade. À New York, j'ai senti un cœur meurtri battre à cent à l'heure, gonflé du désir de justice. L'avenir m'a donné raison, malheureusement. Et des années plus tard, lorsque Ben Laden est mort, la nuit du 2 mai 2011, en voyant les manifestations de liesse extraordinaire dans tous les États-Unis, j'ai repensé avec émotion à cette journée au milieu des New-Yorkais.

Peu de temps après, Dominique me charge de faire le tour de tous les pays du Golfe (excepté l'Arabie Saoudite) pour essayer d'avoir des informations sur une éventuelle intervention américaine. Quand je pars du Quai, les diplomates sont encore partagés sur cette éventualité. Personnellement, je suis toujours convaincu que les États-Unis vont envahir l'Irak. Lorsque je rencontre l'émir du Qatar, je commence par m'en tenir strictement aux éléments de langage fournis par les services. La discussion est cordiale, parfaitement policée, mais je n'apprends rien. Je finis par lui demander :

— Votre Majesté, vous êtes censé être avec nous, pas avec les Américains. Comment allez-vous expliquer à la rue arabe que l'intervention va partir de votre pays ? [Le pôle de direction des interventions américain était installé au Qatar.]

— Pourquoi me parlez-vous de la rue arabe ? Que connaissez-vous à la rue arabe ?

— Je suis premier adjoint de la deuxième plus grande ville de France, qui compte 150 000 musulmans. Je sais ce que c'est que la rue arabe.

À partir de là, les barrières tombent. Je sors de cette conversation avec une information majeure : la date de l'intervention américaine à quinze jours près. Là encore, ce n'est pas le diplomate qui a obtenu cette information, c'est le politique. Il faut savoir oser. Un peu de courage et d'obstination apportent toujours des résultats.

J'ai vécu ainsi trois années extraordinaires en tant que ministre, bénéficiant de la confiance du président de la République, de son Premier ministre et de mon ministre de tutelle. Ma sortie du gouvernement en 2005 a été une cruelle déception, même si je n'ignorais pas que les plus fidèles sont souvent les moins bien récompensés. Mais, quand Jacques Chirac m'a reçu après le remaniement, j'étais assez serein. Aussi, lorsqu'il a entamé le refrain de la consolation en me disant que la roue allait encore tourner, je l'ai coupé, gentiment mais fermement.

— Ça ne va pas recommencer ! Plus de promesses. Mais je tiens à vous remercier. Grâce à vous, j'ai vécu trois années extraordinaires. Je connais le monde, la puissance de la France dans le monde.

Chirac a explosé de rire.

— Tu sais que tu es bien le seul des sortants à me remercier ! Que souhaites-tu pour la suite ?

Il m'a donné une semaine pour réfléchir. On m'a proposé des postes d'ambassadeur, notamment à l'UNESCO. J'ai tout décliné. J'ai refusé également la démission de mon suppléant à l'Assemblée, Bruno Gilles. Il est resté député. Je voulais rentrer à Marseille, retrouver ma famille, mes amis, mon travail à la clinique, mes patients, mes responsabilités à la mairie. Pour ne pas couper totalement les ponts avec mon ancien mandat, j'ai demandé à rentrer au cabinet de Jacques Chirac à l'Élysée. Je suis devenu conseiller pour les Français de l'étranger. J'étais heureux d'avoir retrouvé ma vie.

Cette expérience nationale – que mes détracteurs semblent oublier volontairement lorsqu'ils me font des procès en crédibilité – m'aura enseigné deux choses, comme je l'ai dit précédemment : la première, c'est que la roue tourne. La seconde, c'est qu'il faut toujours rester soi-même. J'avais placé en exergue de ma thèse de médecine cette citation de Paul Bourget : « Quand on ne vit pas comme on pense, on finit par penser comme on vit. » J'en suis profondément convaincu et, n'en déplaise aux esprits chagrins, je continuerai de sourire sur les photos. Et je garderai mes équipes.

Chapitre 4

L'ŒIL DU CYCLONE

Ceux qui ont peu goûté mes suggestions littéraires à Eugène Caselli ne manquent pas de mettre ma croisade pour la vérité sur le compte d'une soif de vengeance : je n'accepte pas d'avoir perdu la CUM, je veux salir la réputation de ceux que j'estime responsables. Comme toute explication simpliste, elle fait son chemin très rapidement dans l'esprit de ceux qui refusent de voir ce qui se passe réellement. Et ils sont nombreux. Les faits sont là, pourtant. Les journalistes déterrent chaque jour de nouveaux éléments suspects, mais personne ne semble vouloir ouvrir les yeux, personne ne veut en entendre parler. J'ai l'impression d'être un chien truffier égaré au milieu d'une meute d'autruches. Je prends mon mal en patience, me disant que l'enquête, qui progresse à une vitesse folle, me donnera raison.

Mais soudain, au début de l'année 2010, tout s'arrête. Comme les oiseaux se taisent pendant une éclipse, les journaux cessent brusquement de donner des nouvelles de l'affaire. Le seul qui rompt le silence, c'est Jean-Noël Guérini lui-même, profitant des traditionnels vœux à la presse, le 9 janvier, pour réagir pour la première fois aux accusations. Endossant le costume de martyr indigné, il se dit « blessé » par ce qu'il dénonce comme une « campagne de discrédit politique ». Oiseau meurtri, traqué, il va jusqu'à se réfugier dans la philosophie, citant un aphorisme du Québécois Daniel Desbiens : « Qui baisse les bras devant l'adversité abandonne la poursuite de la sérénité. »

Pendant que Jean-Noël se prend pour le Dalaï Lama, les journaux restent obstinément muets. Que veut dire une telle trêve après deux mois de révélations quotidiennes ? La série de perquisitions n'a-t-elle rien donné ? Qu'attend donc le juge Duchaine ? Le silence durera plusieurs mois. Une éternité pour moi et ceux qui sont restés à mes côtés.

Le danger semble s'éloigner pour les partisans des Guérini, qui retrouvent de la vigueur – à moins qu'ils n'aient conscience d'être dans l'œil du cyclone et de ne disposer que d'une courte fenêtre de tir ? Toujours est-il que les menaces commencent, insidieuses. Ce sont d'abord des avocats, collègues de ma femme, qui vont la voir pour lui dire combien je suis courageux, mais aussi combien mon courage me met et la met en danger... Puis ce sont des élus, de gauche comme de droite, qui viennent me parler de ma carrière – impressionnante ! –, de ma famille – formidable ! –, et me font comprendre que je risque tout en continuant de mettre mon nez dans ce qui ne me regarde pas. C'est fou comme on m'estime, soudain, et comme on se fait du souci pour moi...

Les mois passent, l'atmosphère devient de moins en moins respirable. Jusqu'à ce que l'orage éclate. Ce samedi 27 mars, j'ai une réunion de travail au Cercle des nageurs de Marseille[1] (CNM) sur les projets Marseille-Provence capitale européenne de la Culture en 2013 avec le ministre de la Culture Frédéric Mitterrand, le président de la chambre de commerce Jacques Pfister, le directeur de Marseille-Provence 2013 Bernard Latarjet, la députée européenne Dominique Vlasto et Jean-Claude Gaudin. Je suis un peu en avance et j'en profite pour discuter avec Paul Leccia, le président du CNM, que je connais bien. Étant moi-même féru de sport, je

1. Créé en 1921, le club vient de remporter dix médailles aux championnats du monde de natation de Shanghaï (2011), dont la médaille d'or pour Camille Lacourt.

suis de très près les activités de son club prestigieux, fierté de la ville de Marseille, qui a formé les plus grands nageurs français et remporté trente-trois fois le championnat de France de water-polo.

Nous devisons donc tranquillement au soleil lorsque nous sommes interrompus par des insultes aboyées depuis l'autre côté de la terrasse : « Petit enc… ! Fils de p… ! » Nous nous retournons et voyons un individu peu avenant, mine patibulaire, blouson de cuir, lunettes noires, se diriger vers nous, agressif, en répétant les deux mêmes expressions fleuries. Un poète. C'est seulement après qu'il a enlevé ses lunettes de soleil et que Paul lui a crié : « Alexandre, arrête-toi, arrête ! » que je le reconnais. Le voilà donc, l'homme par qui le scandale arrive, Alexandre Guérini, le conquérant des déchetteries, celui à qui sa réussite professionnelle a valu le surnom du « roi des ordures ». Tandis qu'il continue, ivre de haine, de requalifier mon orientation sexuelle et la profession de ma mère, j'ai le désagréable sentiment d'être tombé dans un mauvais Audiard.

En le voyant s'avancer vers moi, écumant de rage, je réalise qu'il y a de fortes chances pour que nous en venions aux mains. Nous nous retrouvons face à face, les yeux dans les yeux. Moins de dix centimètres nous séparent. Il éructe. La scène est irréelle, l'ambiance électrique, mais je n'ai pas peur. Sans doute Alexandre a-t-il oublié que je suis ceinture noire de karaté deuxième dan, deux fois vice-champion de France. J'ai quelques atouts pour le mettre à terre. Et j'avoue que l'envie ne m'en manque pas... Mais de toute ma vie, je n'ai jamais frappé le premier. Je sais que cela me mettrait dans une situation délicate, que mon agresseur ne manquerait pas d'exploiter par la suite. Je tourne légèrement le visage, pour protéger mon nez. Un coup de tête est si vite parti... J'ai un rendez-vous important, dans quelques minutes, avec le ministre de la Culture, je ne veux pas de sang sur ma chemise.

Comme un disque rayé, Alexandre répète les deux mêmes injures. Je l'interromps : « Tu ne sais dire que ça ? » Il recule, le temps de formuler une nouvelle phrase : « C'est toi la balance ! C'est toi qui as écrit la lettre. » C'est donc ça. Il pense que je suis le corbeau que tout le monde recherche, celui qui a si bien renseigné le parquet de Marseille sur ses activités et celles de son frère.

Moi, un délateur ! Mon sang, dans lequel coule celui de mon grand-père l'Amiral et celui de mon père, grand résistant déporté à Dachau, ne fait qu'un tour : « Dans la famille, on n'a jamais balancé personne. Cherche plutôt dans ton propre camp. » Il enrage, réenclenche le disque des insultes. J'ai honte d'être pris dans cette pitoyable bagarre de kakous de fond de bar. Alors que je pense que nous avons touché le fond, je vois Alexandre s'éloigner de quelques mètres, porter les mains à ses attributs et mimer des petits va-et-vient secs avec ses hanches – à la Mickaël Jackson, le talent en moins et la vulgarité en plus : « Moi, j'en ai, me dit-il. Je t'attends. On va régler ça dans les vestiaires. On se retrouvera seuls et tu verras ce que tu verras. »

Comme je lui dis que je ne bougerai pas d'un centimètre, il me répond qu'il m'attendra dehors. En le regardant s'éloigner, je me dis que celui que la presse décrit depuis plusieurs mois comme le Capone de Marseille a plutôt le charisme d'un Didier L'Embrouille. Il semble davantage sorti d'une chanson de Renaud que d'un film de Scorsese.

Jean-Claude Gaudin et Dominique Vlasto nous rejoignent sur la terrasse. Jean-Claude devine immédiatement qu'il s'est passé quelque chose. Encore extrêmement tendu, je lui raconte l'altercation. Paul Leccia loue mon sang-froid, mais je bous intérieurement. Le déjeuner se passe, je ne suis pas très loquace. La scène me hante.

De retour chez moi, j'allume une cigarette – moi qui ne fume quasiment jamais. Le téléphone sonne sans s'arrêter. L'histoire a déjà fait le tour de Marseille. Ma femme s'inquiète. Elle sait à quel point je suis frustré. Frustré, d'abord, de ne pas m'être battu – même si je ne l'ai jamais regretté. Mais aussi, plus profondément, frustré par mon impuissance face à cet individu qui me menace devant tout le monde, de façon aussi grossière et veule. Je suis furieux. S'il se permet un tel geste, c'est qu'il a un sentiment d'impunité totale. Pire encore, s'il se permet un tel geste *en public* envers moi, que se permet-il de faire aux salariés, aux fonctionnaires, aux entrepreneurs, aux élus, aux anonymes et à tous les autres ? Où sont ses limites ? Je décide de porter les faits à la connaissance de Monsieur le Procureur de la République en lui laissant l'initiative et l'opportunité des poursuites. Non pas pour moi, non pas pour qu'il paie sa provocation puérile, mais bien pour ébranler son sentiment de toute-puissance, d'impunité. Je soupçonne mon avocat maître Cachard d'avoir bien ri en rédigeant la lettre adressée au procureur de la République. Morceau de bravoure : « Afin de tenter de crédibiliser ses propos, M. Alexandre Guérini a joint ses deux mains autour de son appareil génital afin d'essayer de le mettre en exergue, puis pour attester vraisemblablement de ses capacités sexuelles, il a donné quelques coups de reins dans le vide. » Effectivement, cela prêterait vraiment à rire si toute cette affaire n'était pas si pathétique.

Une fois encore, les réactions après cet événement en disent long sur l'ambiance de plomb qui règne à Marseille. J'assiste à la grande parade des courageux anonymes. Eugène Caselli, président de la CUM, premier secrétaire du PS, Patrick Menucci, président du groupe PS au conseil municipal, Sylvie Andrieux et Henri Jibrayel, députés PS, François Bernardi, président PS de la commission des marchés de la CUM, m'appellent pour me témoigner leur soutien. « Bien sûr, ça reste entre nous », me chuchotent-ils tous à la fin de la conversation. Une bien belle équipe, ce PS local…

Jean-Claude Gaudin est plus direct : il ne comprend pas pourquoi j'ai informé le procureur et me conseille de ne pas m'entêter. Il n'en est évidemment pas question. Si je recule, je rejoins le rang des lâches, des complices par omission.

Ma procédure contre Alexandre Guérini ennuie. Il faut dire que pour certains, à Marseille, les informations, comme les plaintes, « ça ne se fait pas ». On me l'avait pourtant déjà fait comprendre, voilà plus de quinze ans. Mais c'est une leçon que je n'avais pas choisi de retenir.

Souvenons-nous, c'était en 1994, le 14 avril. Le port de Marseille était une nouvelle fois en grève et la ville paralysée par une poignée de syndicalistes. Le comité de coordination des professions portuaires avait organisé une manifestation place de la Joliette pour dénoncer les blocages répétés. J'avais décidé de les soutenir – j'étais d'ailleurs l'un des rares élus à oser le faire, avec Joseph Comiti, ancien ministre du général de Gaulle, et Robert Villani, mon suppléant.

La manifestation se déroule normalement, nous sommes un bon millier de personnes. Mais, en fin de matinée, des syndicalistes grévistes, armés pour certains de battes de base-ball et de différents objets contondants, nous chargent brutalement. Nos rangs se dispersent, tout le monde essaie de s'échapper comme il le peut. Je me retrouve isolé dans un parking, sous les fenêtres des docks de la Joliette, où la communauté portuaire devait tenir sa conférence de presse. Une vingtaine d'individus me cernent, agressifs. J'écarte les bras en signe d'apaisement, pour montrer que je ne suis pas belliqueux. Mauvais calcul. Ils se jettent sur moi et me frappent. J'essaie de me défendre, je reste debout mais les coups de poing, les coups de pied pleuvent. À vingt contre un, je n'ai aucune chance. C'est le chef des dockers CGT du port autonome de Marseille, Gilbert Natalini, qui me sauve *in extremis* en ordonnant à ses troupes d'arrêter. Je me redresse, titubant et sonné, croyant être tiré d'affaire. Mais un coup de barre de fer venu de nulle part me fait vaciller. Il m'ouvre le crâne. La douleur est intense, je suis en sang. J'ai tout juste le temps de voir s'enfuir le lâche qui m'a frappé par-derrière.

Je suis en piteux état, sanguinolent. Des membres de mon équipe m'accompagnent au cabinet de mon ami maître Cachard, place Félix Baret, pour me mettre à l'abri. Là, je reprends mes esprits, petit à petit. Je sais qu'une équipe de journalistes a filmé la scène et je me doute que les images, d'une grande violence, vont rapidement être diffusées en boucle[1]. Je contacte mes proches pour les rassurer. Au cabinet, les téléphones n'arrêtent pas de sonner. Le chef de cabinet du directeur départemental de la sécurité publique appelle, inquiet, maître Cachard sur sa ligne directe : « On est en bas. Il n'y a plus rien à craindre. » Puis sa voix se fait plus hésitante, gênée : « Euh… Le directeur et le préfet voudraient aussi savoir si M. Muselier leur en veut d'avoir été frappé…. » Nous avons du mal à nous retenir de sourire. Clairement, les effectifs de sécurité de la manifestation étaient insuffisants, mais de là à rejeter la faute de l'agression sur les policiers…

Vers 14 heures, je commence à me sentir mal. Au moment où j'essaie de me relever, je m'éva-

1. http://www.ina.fr/economie-et-societe/vie-sociale/video/CAB9408 1563/dockers-depute-rpr.fr.html

nouis. On m'emmène à l'hôpital, où, après m'avoir soigné, on m'autorise à rentrer chez moi, enfin. Tous mes amis me suivent. L'ambiance à la maison est à mi-chemin entre une cellule de crise post-attentat et un banquet d'un soir de victoire électorale. Les téléphones continuent de sonner. À un moment, je vois maître Cachard venir vers moi, légèrement paniqué : Jacques Chirac avait cherché à me joindre sur son portable, mais la communication avait été coupée juste après que le président s'était annoncé ! Nous explosons de rire : le 14 avril restera comme le jour où j'ai failli me faire tuer par des dockers et où maître Cachard a raccroché au nez du futur président de la République !

Le soir même, en découvrant la scène à la télévision, ma femme me lancera, railleuse : « C'est bien la peine d'être champion de karaté pour te faire ruiner comme ça » ! Nouvelle explosion de rire. Une belle leçon d'humilité !

Bilan de l'opération : une fracture du crâne, une entorse du rachis cervical, une fracture du malaire, mais la consolation de savoir qu'à cause de leur geste, les dockers ont définitivement perdu le soutien de l'opinion publique. La grève cesse immédiatement.

Évidemment, je porte plainte. Sept dockers ayant été arrêtés, je suis convoqué à l'Évêché – le commissariat central – pour une identification.

C'est la première fois qu'une plainte est déposée sur le port. C'est la première fois que des militants syndicalistes sont arrêtés. Les pressions commencent, suivant toujours le même schéma : des avocats amis, des élus de tous bords, des relations me conseillent de retirer ma plainte, pour mon bien et pour la sécurité de ma famille. On me fait gentiment comprendre que « ça ne se fait pas » de porter plainte ici, dans ce milieu. « Ça ne se fait pas » ? Quel étrange code d'honneur interdit de faire appel à la Justice mais permet de démolir un homme en s'y mettant à vingt et de le matraquer par-derrière alors qu'il est déjà quasiment à terre ?

Hors de question de céder. Suite aux menaces sur mes proches, on me place sous protection judiciaire. Je suis rassuré, un temps, mais j'ai beaucoup de mal à accepter cette situation, cette passivité forcée. Je décide de mener moi-même la contre-attaque. Je fais appel à mes relations pour organiser une rencontre avec Natalini. Rendez-vous est pris. Un après-midi, je me soustrais à la protection pour me rendre sur le port, seul, avec mon chauffeur. La scène est digne d'un film de gangsters. Lorsque nous arrivons à l'entrée du port, nous sommes pris en charge par une voiture avec quatre individus à bord, qui nous guident à travers les quais. Nous les suivons jusqu'à un grand hangar, devant lequel quatre voitures sont garées. Plusieurs hommes se tiennent à côté, au pied d'un escalier qui mène au bureau de Natalini. Là, m'attendent quatre personnes : mon ami, son contact, le chef des dockers et un de ses camarades.

Une scène hallucinante. Un autre monde. Mon contact sert de notaire, ça ne devrait pas déraper. Tout de suite, dans ce petit bureau, nous nous retrouvons face à face, debout, Natalini et moi. Lui, grand, glacial, et moi, encore avec ma minerve, mais bien décidé à ne rien me laisser imposer.

— Monsieur Muselier, me dit-il, vous avez du courage et vous avez gagné beaucoup en estime dans la communauté portuaire. Mais vous avez tout perdu parce que vous avez porté plainte.

— Je sais ce que j'ai gagné. Mais moi, je suis un républicain, j'ai le droit de me promener partout où je veux. Personne ne m'en empêchera. Aujourd'hui je suis menacé ainsi que ma famille. À la télévision, tout le monde a pu voir que vous avez arrêté vos hommes. Il n'est pas dur d'imaginer que c'est vous qui les avez lancés. S'il arrive quoi que ce soit aux miens, je saurai où trouver les vôtres.

— Vous me menacez ?

— Pas du tout, je vous explique.

Nous nous toisons comme deux taureaux prêts à charger. Un silence de mort plane dans la pièce, que trouble à peine l'écho lointain de la vie du port. Je crois que nous aurions pu rester ainsi pendant des heures à nous mesurer du regard, chacun voulant prendre le dessus, pousser l'autre à baisser les yeux, à abdiquer. Cela dit, j'ai trop mal au cou pour jouer au héros toute la journée. J'aimerais bien qu'il baisse les yeux assez vite. Heureusement, notre intermédiaire est un homme impatient.

— Muselier parle peu, dit-il à Natalini. Mais quand il dit quelque chose, il le fait toujours.

Le chef des dockers ne lui a pas adressé un regard mais il l'a bien entendu. Il clôt l'affaire en une phrase :

— Monsieur Muselier, considérez cette affaire comme réglée.

Depuis ce jour, je n'ai plus jamais eu de problème avec les dockers – et j'ai entretenu d'excellentes relations avec M. Gilbert Natalini. J'ai aujourd'hui du respect pour cet homme, qui est devenu et a été, jusqu'à ce qu'il prenne sa retraite, un interlocuteur loyal et honnête. Toutes les négociations qui ont suivi, sur le réaménagement des quais, sur Euroméditerranée, sur la réforme portuaire, tout cela s'est déroulé dans un climat apaisé. Je suis convaincu que c'est parce que je n'ai rien cédé face aux pressions physiques et aux menaces que la confiance s'est établie. Je n'ai pas retiré ma plainte – qui est finalement tombée sous le coup de l'amnistie générale qui a suivi l'élection de Jacques Chirac en 1995. J'ai défendu mes convictions coûte que coûte, ma foi en la République, en la Justice, à Marseille comme ailleurs.

Si une fracture du crâne ne m'a pas fait plier, ce ne sont pas des injures grossières qui vont m'impressionner. Je maintiens ma procédure contre Alexandre Guérini, malgré tous ceux qui me conseillent plus ou moins amicalement de laisser tomber.

La traversée du désert continue donc pour moi. J'ai bon espoir en mai, lorsque le journal *Le Monde* révèle les premiers contenus fort embarrassants des écoutes téléphoniques, où l'on entendrait Alexandre se conduire en véritable parrain, exigeant le retrait d'un appel d'offres, menaçant de faire virer des fonctionnaires peu coopératifs, distribuant logements, marchés et subventions à sa guise, commerçant même « sans la moindre justification avec des officines spécialisées dans le blanchiment ». On y apprend également que les enquêteurs s'intéressent de très près au dossier des maisons de retraite, dont les agréments sont délivrés par le conseil général, ainsi qu'à une société spécialisée dans le matériel de reprographie, Prodotec, suspectée d'avoir obtenu des marchés publics à l'Agglopole Provence via l'intervention (avec contreparties) d'Alexandre. Sur ce dernier dossier, *Le Monde* a pu se procurer une partie de la retranscription des écoutes, qui ne déçoivent pas. « Je gère au mieux, dit Alexandre, mais dans les escadrilles de cons, la photocopieuse est pilote de la cupidité. » « Digne d'un dialogue de Michel Audiard », écrit le journaliste du *Monde*, qui doit confondre avec un cinéaste qui écrit des répliques incohérentes.

Mais l'article reste isolé. C'est seulement le 8 juin que les affaires reprennent. Ce jour-là, un proche d'Alexandre Guérini, Éric Pascal, PDG de la société Queyras Environnement, spécialisée dans la collecte des déchets, est écroué pour des faits présumés de corruption active, escroquerie en bande organisée, faux et usage de faux et abus de biens sociaux. Deux fonctionnaires des déchetteries de Cassis et La Ciotat (cette dernière gérée par Alexandre) sont également mis en examen pour corruption passive et complicité d'escroquerie. Quatre autres personnes, dont le fils d'Éric Pascal, sont placées en garde à vue. Que leur reproche-t-on ? Des surfacturations, au préjudice des communautés urbaines Marseille Provence Méditerranée et Pays d'Aubagne et de l'Étoile. Queyras Environnement aurait facturé aux deux collectivités la prise en charge et l'acheminement, vers leurs décharges publiques, de déchets issus de sociétés privées. Plusieurs fonctionnaires des déchetteries auraient ainsi été payés pour fermer les yeux sur leur provenance et signer les bons permettant à Queyras d'être rémunérée par les deniers publics.

Même s'il n'est toujours pas inquiété, Alexandre sent le vent du boulet. D'autant que *Bakchich Info* déterre au même moment un autre dossier qui, bien qu'éloigné de celui des décharges, n'en est pas moins nauséabond : les liens entre le conseil général des Bouches-du-Rhône et le « parrain » Bernard Barresi, mis en examen pour extorsion de fonds, interpellé le 5 juin alors qu'il s'apprêtait à fuir en bateau avec deux autres figures du Milieu, les frères Michel et Gérald Campanella. La compagne de Bernard Barresi, Carole-Evelyne Serrano, également mise en examen, est en effet la gérante d'une société de sécurité, Alba Sécurité… détentrice d'un marché public remporté avec le conseil général des Bouches-du-Rhône. Elle assure ainsi, pour une somme coquette (plus de deux millions d'euros, selon le journal) « le gardiennage sûreté sécurité des sites déconcentrés du conseil général (circonscription de Marseille) ». Même si le contrat est parfaitement régulier, le rapprochement fait clairement tache en cette période trouble pour les Guérini…

Déchets, photocopieuses, maisons de retraite et maintenant, blanchiment et grand banditisme ! C'est le grand chelem. Et la confusion totale pour les Marseillais qui – moi le premier – peinent à s'y retrouver au milieu de toutes ces révélations, d'autant plus que le principal intéressé, autour duquel tout semble tourner, n'a toujours pas été convoqué ni par la section de recherches de la gendarmerie, ni par le juge d'instruction. La thèse d'un vaste système de corruption se profile. Tout se passe comme si les enquêteurs procédaient par cercles concentriques – un travail dantesque ! – pour mieux cerner leur proie. Laquelle est de plus en plus aux abois.

Alexandre avait jusque-là soigneusement évité les médias. Sa dernière interview remontait à novembre 2009, pour un journaliste du site *Bakchich Info*. Un troisième homme était d'ailleurs présent lors de l'entretien, qui n'était autre qu'Éric Pascal. Alexandre l'avait alors présenté comme « un jeune qui démarre et que j'aide ». Il semble qu'en bon professeur, il a su transmettre à son protégé bien plus que son sens inné des affaires : sa vision toute personnelle du bien public.

Depuis, il avait refusé toutes les demandes d'interview. Quelle n'est donc pas ma surprise lorsque je découvre, le 1er juillet 2010, le visage du cadet des Guérini en couverture du *Nouvel Observateur*, au-dessus d'un titre coup de poing : « Alexandre Guérini accuse » ! Je dois me pincer pour vérifier que je ne rêve pas. Le voilà qui trône en une d'un grand hebdomadaire national, avec l'air d'un père tranquille, jean, polo, baskets, sereinement assis dans un fauteuil. Sourire de l'ange. Mains croisées façon Première dame.

Comment a-t-il réussi un tel coup ? Comment a-t-il pu se payer un tel luxe ? Comment les journalistes du *Nouvel Observateur* ont-ils pu donner aux justifications de cet homme sur lequel planent des soupçons si graves des accents à la Zola ? Lui offrir une telle tribune – trois pages entières – pour déverser son venin ? Et quel venin ! Au fil d'une très longue interview, Alexandre se pose en « victime d'une extraordinaire cabale qui vient de loin ». Il m'accuse officiellement d'être le « corbeau », auteur des lettres au parquet qui les ont mis, lui et son frère, dans l'embarras. Selon lui, je chercherais à me venger de mon échec à la CUM. J'aurais pour seul dessein de les abattre, lui et son frère, pour des motifs bassement politiques. Je chercherais aussi à dégommer Jean-Claude Gaudin au passage. Après l'ignominie de la campagne des municipales et malgré l'animosité notoire entre les deux hommes, il ose dire que Gaudin et Guérini sont les deux vrais patrons de Marseille, qui travaillent main dans la main pour leur ville et s'affrontent « à la loyale » en période électorale… Sans le moindre début de preuve, mais citant des « personnalités marseillaises » qui m'auraient entendu – sans doute les mêmes qui ont vu l'homme qui a vu l'homme qui a vu l'ours –, il me prête des propos totalement farfelus, censés étayer la thèse d'un désir de vengeance personnelle.

Plus grave encore, il fait remonter le complot jusqu'à l'Élysée, où j'aurais trouvé un mystérieux allié pour m'aider à rédiger la lettre incriminante et planifier toute « l'action judiciaire, policière et médiatique dont [il est] la victime ». S'il existe, en France, une personne aussi influente, capable de tirer les ficelles tout à la fois de la justice, de la police et des médias, je serais ravi de la rencontrer… Dans son délire paranoïaque, Alexandre prend tout de même la précaution d'épargner Nicolas Sarkozy – sait-on jamais – qui n'aurait bien entendu pas été mis au courant du complot.

Mais ce qui me surprend le plus, dans ce très long article, c'est le manque de repartie du journaliste, qui semble peu au fait des réalités du dossier, pourtant largement dévoilées par ses confrères depuis plusieurs mois… Lorsque Alexandre présente Éric Pascal comme « un gosse maintenu depuis trois semaines en détention pour 20 euros », il ne lui oppose pas les 2 millions d'euros de préjudice pour les collectivités, chiffre avancé mi-juin par *Le Figaro*, autre journal que l'on peut pourtant considérer comme sérieux. Lorsque Alexandre se décrit lui-même comme un petit chef d'entreprise, qui vit simplement, il oublie de lui rappeler les nombreux articles qui ont éclairé son train de vie, et notamment son écurie de chevaux de course, un hobby plutôt onéreux pour quelqu'un qui dit vivre chichement. La photographie centrale, où Alexandre pose en écolier angélique, est elle aussi étonnamment sympathique, sans parler de sa légende, « Le coupable idéal », qui enfonce le clou de la comparaison avec l'affaire Dreyfus. Parallèle insupportable qu'Alexandre entretient savamment en se disant victime d'un délit de patronyme. « Guérini ? Corse, marseillais, socialiste ? Coupable, forcément coupable ! », aurait dit de lui Guy Bedos. Si Guy Bedos le dit, alors que valent les enquêtes que les professionnels de la justice et les limiers de la gendarmerie conduisent depuis des mois ?

Trois pages de mensonges grossiers, un tissu de calomnies, mon nom sali, sans une preuve à l'appui, comme celui d'un vulgaire délateur revanchard… La stupeur passée, je demande un droit de réponse au *Nouvel Observateur*, que j'obtiens, dans l'édition du 15 juillet. Aux divagations d'Alexandre, j'oppose la réalité des faits, difficile à contredire. La violence de son agression au Cercle des nageurs ; la série de perquisitions qui ont eu lieu dans son entourage proche, au siège de sa société et à son domicile ; les irrégularités constatées à la CUM et pour lesquelles j'ai demandé à M. Eugène Caselli de prendre des mesures de bon sens et de transparence – restées lettres mortes – ; la confiance que les électeurs marseillais m'ont accordée et renouvelée depuis 1993 ; mon engagement sans faille, depuis, pour ma ville et mes concitoyens ; mes projets pour l'avenir. Malgré cela, le titre attribué par l'hebdomadaire aux deux colonnes qui me sont généreusement attribuées a nettement moins de panache que celui choisi pour la tribune d'Alexandre. Quand ce dernier « accuse » de façon très solennelle, moi je pousse « un coup de gueule » ! Me voilà ravalé au rang de petit roquet qui mord les mollets du grand Zola. Ainsi va la vie médiatique…

L'été nous surprend ainsi, Jean-Noël retranché dans l'indignation et le déni, Alexandre au sommet de sa gloire médiatique, moi rongeant mon frein, attendant que les journaux rompent enfin le silence, le PS toujours muet, la Justice et les gendarmes avançant dans le plus grand secret, et les Marseillais perdus au milieu des plis et replis de cette affaire abracadabrantesque où tout le monde se montre du doigt.

Chapitre 5

L'ENGRENAGE

Dans cet embroglio politico-judiciaire, qu'aucun scénariste n'aurait osé présenter à un producteur – trop compliqué, pas crédible –, tous les acteurs attendent la rentrée 2010 avec, selon les camps qu'ils ont choisis, appréhension, incertitude, espoir voire soulagement. Elle ne sera pas décevante.

Signe d'extrême assurance ou de nervosité grandissante ? Jean-Noël Guérini aborde septembre en fanfare en annonçant qu'il brigue le poste de premier secrétaire de la fédération des Bouches-du-Rhône. Les mâchoires grincent. Dans les statuts du Parti socialiste (article 16-2), la fonction est clairement incompatible avec le mandat de président du conseil général. Mais Jean-Noël n'est pas à ça près. Au début de l'année, il s'était déjà octroyé un titre inventé de toutes pièces, celui de président de la fédération. Prochaine étape : empereur ? Les dirigeants du PS ferment les yeux sur ce nouveau hold-up.

Eugène Caselli cède donc sa place de premier secrétaire, invoquant une trop forte charge de travail à la CUM. Plutôt étonnant, puisqu'il a reçu d'importants renforts en deux ans d'exercice : les effectifs des agents publics sont ainsi passés de 3300 à 4000 salariés depuis son arrivée ! Avec quatorze nouveaux vice-présidents (soit + 80 %), dont les indemnités ont été généreusement augmentées de plus de 50 %, la CUM a des allures d'armée mexicaine bien nantie. Et comme charité bien ordonnée commence par soi-même, Caselli a fait passer son propre salaire de 3554 à 5424 euros. Le président ne multiplie pas encore les pains, mais il multiplie ses conseillers : la CUM a voté une délibération fixant son cabinet à quatorze membres maximum. Mais lorsqu'on ouvre l'annuaire de la collectivité, on en trouve vingt-cinq !

Mais quand on aime, on ne compte pas. Et à la CUM comme au conseil général – nouveau scandale de la rentrée –, il semble que l'on nourrisse une passion sans borne pour les syndiqués Force ouvrière et leur grand chef, Élie-Claude Argy. La maison de ce dernier a du mal à se vendre ? L'OPAC, office HLM du conseil général – dépendant donc de Jean-Noël Guérini –, la lui rachète. Sa femme se sent à l'étroit dans son statut d'agent public ? La CUM lui offre une promotion éclair comme responsable de la police… de la propreté ! Ces chères ordures… Existe-t-il une autre ville en France où elles font l'objet de tant de convoitises ? Clientélisme, crient les syndicats minoritaires, qui manifestent fin septembre et attaquent la CUM en justice par un recours au tribunal administratif. « Prérogatives du syndicat majoritaire », répond Eugène Caselli, sans sourire.

En l'absence de gouvernance claire, Marseille rechute. Elle sombre. En octobre, des monceaux d'ordures jonchent de nouveau les rues. Les éboueurs se sont remis en grève, contre la réforme des retraites cette fois. « Poubelle la vie », ironise *Le Point*. Les Marseillais que je croise dans les rues ne sont pourtant pas d'humeur à rire après quinze jours de blocage, quinze jours les pieds dans la fange, quinze jours à supporter les odeurs des déchets qui croupissent ou prennent feu, quinze jours à tenter de faire survivre leurs commerces, leurs entreprises, face à une poignée de syndicalistes ultras à qui la CUM a donné tous les pouvoirs sur les services publics. Une fois encore, Marseille fait les gros titres, en France et à l'étranger, et pour les pires raisons.

Si la crasse qui envahit les trottoirs de la ville soulève le cœur de tous ses habitants et des touristes, elle n'est rien comparée à la gangrène qui ronge deux de ses principales institutions, la CUM et le conseil général dirigés par le PS. Novembre arrive avec son cortège de révélations qui donnent à la *res publica* marseillaise des allures d'écuries d'Augias. Le tourbillon des scandales reprend, quasiment quotidien. On se croirait dans *24 Heures chrono*, saison 1, avec le juge Duchaine dans le rôle de Jack Bauer : lui seul connaît les rouages précis de l'affaire. Pour tous les autres, le scénario semble toujours aussi opaque et tordu.

12 novembre

Le vent corse charrie de nouveaux dossiers embarrassants pour Alexandre Guérini. Pierre Olmeta, responsable de la Direction des interventions sanitaires et sociales du conseil général de Haute-Corse, est mis en examen pour « détournement de fonds publics et favoritisme ». Fin octobre, l'un de ses présumés complices, un certain Damien Amoretti, chef d'entreprise de Gardanne, avait également été mis en examen et placé en détention pour « faux, escroquerie et détournement de fonds publics ». Il est soupçonné d'avoir passé frauduleusement plusieurs marchés de textile, de biens d'équipement et de préservatifs avec le conseil général de Haute-Corse, pour un montant de 2 à 3 millions d'euros. M. Amoretti est l'heureux président-directeur général de la très juteuse société ABT, fondée en 2001, et passée depuis sous le contrôle d'une société de droit britannique, Méditerranée Consultant Holding, basée à Malaga, elle-même étant la propriété d'une autre société, Pacific Business Group, basée depuis 2005 dans l'État du Delaware, aux États-Unis… Un montage façon poupées russes, dont la plus grande est considérée comme un paradis fiscal. L'un des associés de M. Amoretti n'est autre que Patrick Boudemaghe, cousin de Patrick Olmeta, interpellé à Malaga et également écroué sur commission rogatoire du juge Duchaine.

Quel rapport avec les Guérini ? se demandent les lecteurs attentifs du nouveau tome de la saga. M. Amoretti se trouve être également l'heureux fondateur d'une autre société, SMAD, qui détient 49 % du capital de la SMA Vautubière, présidée par Alexandre Guérini…

15 novembre

Le journal *La Provence* révèle les liaisons dangereuses qui unissent les sociétés impliquées dans les marchés truqués de Haute-Corse au milieu du grand banditisme marseillais. Damien Amoretti et Patrick Boudemaghe auraient été en contact avec Bernard Barresi – arrêté peu de temps auparavant, le 5 juin, après dix-huit ans de cavale. Boudemaghe appelait d'ailleurs régulièrement Barresi sur une ligne qu'ils pensaient sécurisée, mais que le juge Duchaine avait placée sur écoute. On apprend qu'Amoretti et Boudemaghe sont associés dans une constellation de sociétés agissant dans des domaines aussi divers que la communication, la construction ou l'immobilier. Si certaines de ces sociétés sont basées en Corse, d'autres ont leur siège dans les Bouches-du-Rhône. Parmi ces dernières, la société ABT a obtenu plusieurs marchés du conseil général : 1 850 000 euros pour la construction d'une gendarmerie à Orgon, 143 500 pour le réaménagement d'un club senior à Saint-Jérôme et 232 400 pour des travaux d'entretien dans le parc de l'ex OPAC-Sud (chiffres marsactu.fr)... Un autre élément troublant retient l'attention des enquêteurs : l'adresse des sociétés des deux compères est la même que celle de la société Alba Événement, dirigée par la compagne de Bernard Barresi, Carole-Evelyne Serrano. Elle serait également connue comme l'un des repères secrets de Barresi pendant sa cavale. Des colocataires un peu encombrants pour les deux chefs d'entreprise entendus par les gendarmes...

L'enquête révélerait un système de fraude aux marchés de Haute-Corse extrêmement efficace. Pour être certains de remporter les appels d'offres, les deux associés auraient fait en sorte d'être les seuls à postuler, jouant sur différentes sociétés-écrans et prête-noms. Une fois les marchés obtenus, ils auraient pratiqué des surfacturations. Reste à savoir s'ils opéraient seulement en Corse ou si leurs sociétés jouaient à cache-cache également dans les marchés des Bouches-du-Rhône.

18 novembre

L'hebdomadaire *Le Point*, toujours très bien renseigné, dévoile la dernière découverte du juge Duchaine : l'existence d'un compte bancaire au Luxembourg crédité de 4 millions d'euros, détenu par Alexandre Guérini. Le même qui, quelques mois plus tôt, se décrivait comme un petit chef d'entreprise vivant simplement !

25 novembre

On apprend qu'Alexandre a démissionné quelques jours plus tôt de l'ensemble de ses mandats sociaux : la présidence de SMA Vautubière et la présidence de SMA Médias. Philippe Rapezzi, proche d'Alexandre, démissionne également de la présidence de SMA Environnement. Gilles Pascal, le frère d'Éric Pascal, les remplace dans chacune de ces fonctions. Il semble qu'Alexandre, sentant le vent tourner, éprouve le besoin de mettre un peu d'ordre dans ses affaires…

27 novembre

L'air de Marseille deviendrait-il irrespirable ? Le journal corse *24 Ore* rapporte la disparition d'un témoin clé de l'affaire Guérini : Jean-Marc Nabitz, proche d'Alexandre et de Jean-Noël. Ancien responsable des marchés de rénovation et de construction des collèges pour le compte du département des Bouches-du-Rhône, il est devenu président de la société d'économie mixte du 13 (en charge des infrastructures au conseil général). Il est surtout le spécialiste du dossier sur l'incinérateur de Fos. Il aurait été aperçu en Israël, pays dont on ne peut être extradé… Sauve qui peut général : ceux qui sont mêlés de près ou de loin aux marchés des Guérini quittent le navire. La tension est à son comble. Après des mois à resserrer les mailles, la question n'est plus de savoir si le coup de filet général du juge Duchaine va avoir lieu, mais quand.

29 novembre

Ce sera ce lundi, à l'aurore. Enfin. Vingt personnes sont auditionnées par la section de recherches de la gendarmerie. Toutes des proches de Jean-Noël Guérini : son frère Alexandre, Hervé Thérond (directeur général de la Communauté du Pays d'Aubagne), Daniel Pinna (ancien directeur général de la Communauté du Pays d'Aubagne), Michel Karabadjakian (directeur général en charge de la propreté à la CUM) ; mais aussi le propre directeur de cabinet de Jean-Noël, Rémy Bargès, ainsi que son directeur de la communication, Gilbert Gaudin. Ces deux derniers sont ressortis libres quelques heures après.

30 novembre

La valse des mises en examen commence avec Michel Karabadjakian, pour « trafic d'influence et corruption passive », Jeannie Peretti (compagne d'Alexandre), pour « recel d'abus de biens sociaux », Mireille Duval puis Christophe Bringuier (fonctionnaires à la Communauté du Pays d'Aubagne) pour « négligence d'un agent public ayant autorisé un détournement de fonds publics ».

1er décembre

Le couperet tombe. Alexandre Guérini est mis en examen pour « détournement de fonds publics, recel et blanchiment, abus de biens sociaux, trafic d'influence, corruption active et détention d'un chargeur de pistolet Glock ». Le même jour, Daniel Pinna est mis en examen pour « détournement de fonds publics et complicité », laissé libre sous contrôle judiciaire et Philippe Rapezzi pour « abus de biens sociaux, détournement de fonds publics et recel ». Ce dernier, ainsi qu'Alexandre, seront écroués le lendemain.

Le grand absent du tableau, c'est bien sûr Jean-Noël, qui se trouve au même moment à Auschwitz, où il accompagne des classes de collégiens. Ironie de l'histoire : il se trouvait exactement au même endroit l'année précédente, lorsque les gendarmes avaient perquisitionné les locaux du conseil général ! Les superstitieux ne sauraient que trop lui conseiller d'éviter les sorties pédagogiques en novembre 2011… s'il est encore libre et en poste.

Entendu par les gendarmes de la section de recherches de Marseille, Alexandre parle, enfin. Il reconnaît avoir vendu en 2000 sa société SMA Environnement à Veolia pour pas moins de 20 millions d'euros. 6 seraient placés sur un compte en Suisse. Le reste ? Mystère. Le petit chef d'entreprise qui jouirait d'un revenu de 470 000 euros annuels reconnaît également bénéficier d'un logement HLM alloué par la Ville de Marseille, qu'il paierait généreusement 474 euros par mois. Alexandre parle, il parle même beaucoup. Il souligne que si les gendarmes et non la police ont été chargés de l'enquête, c'est parce que la police dépend de Bernard Squarcini, directeur du renseignement intérieur, « dont les deux enfants sont salariés par le conseil général ». Pourquoi une telle précision, alors qu'on ne lui demandait rien sur ce point ? Cherche-t-il à impliquer Squarcini ? Pour le reste, Alexandre persiste et signe : il est la victime collatérale d'un complot politique visant à abattre son frère, complot ourdi par moi, bien évidemment. Ultime coup de bluff, sidérant de culot à l'heure où la plupart de ses collaborateurs sont en fuite ou derrière les barreaux, et où son propre frère prend ses distances.

En effet, au conseil général, que les Marseillais surnomment « le Paquebot », le mot d'ordre général semble être de fermer les écoutilles. Hermétiquement. Dans *La Provence*, Jean-Noël met les choses au clair : « Lui, c'est lui et moi, c'est moi. Je ne suis concerné ni de près, ni de loin par les affaires et les entreprises de mon frère. [...] Le conseil général n'est en aucun cas concerné par les affaires judiciaires. » La conseillère générale Marie-Arlette Carlotti vient en renfort dénoncer les amalgames odieux entre les chefs d'entreprises et les élus.

Quant à Eugène Caselli, à la CUM, il porte plainte contre X : « J'ai bien regardé et aucun élément ne me permet de penser qu'il a pu se passer des choses nous portant préjudice sur des passations de marchés publics. [...] Mais je porte plainte au cas où il se soit passé quand même quelque chose. » Voilà une bien étrange façon de protéger ses arrières ! Tel Rantanplan se décidant à sauter dans les bras de son maître alors que celui-ci a déjà refermé la porte derrière lui, Eugène Caselli se met à faire le ménage avec un an de retard. Et tel Rantanplan, il s'y casse le nez.

Pour quelqu'un qui dit avoir « bien regardé » ce qui se passait dans sa propre maison, on apprend qu'il a été étonnamment distrait lors de plusieurs recrutements... Celui de Michel Karabadjakian notamment, qu'il soutient avoir recruté lui-même alors que l'enquête révèle que c'est Alexandre qui a supervisé son entretien d'embauche. Un Alexandre qui s'est montré particulièrement généreux à cette occasion, offrant un salaire de 7200 euros par mois à sa nouvelle recrue – qui n'a pas le baccalauréat. L'insertion selon Guérini ?

Embarrassé, Monsieur « Brushing » se transforme en Monsieur Propre et jure qu'on ne l'y reprendra plus. En y regardant mieux, il découvre soudainement un certain nombre de cadavres dans ses placards.

13 décembre

Le président de la CUM met fin aux fonctions de son directeur de cabinet, Franck Dumontel, un proche d'Alexandre, que ce dernier aurait l'habitude de qualifier, selon les écoutes, de « vrai patron de la CUM ». En deux ans d'exercice, Caselli aura ainsi consommé deux directeurs de cabinet et trois directeurs généraux des services qui ont chacun opéré une réorganisation des services, en décembre 2008, en novembre 2009 et en juin 2011. À quand la prochaine…

24 décembre 2010

C'est au tour d'Armand Mikaelian, responsable de la politique sportive à la CUM, de faire les frais de la nouvelle probité du président de la Communauté urbaine. Il est démis de ses fonctions. Nageait-il trop souvent, lui aussi, au Cercle avec Alexandre ?

25 décembre

L'histoire ne dit pas si Alexandre Guérini a été visité, en prison, par les esprits des Noël passé, présent et futur. Mais à Marseille, tout le monde pense que son avenir sera derrière les barreaux.

Alexandre à l'ombre, la tension extraordinaire qui s'était installée à Marseille retombe d'un seul coup. Tout le monde souffle. Moi le premier.

Les derniers mois ont été extrêmement éprouvants. Au fur et à mesure que l'enquête avançait, les pressions sur ma personne, sur mes proches, sur mes activités professionnelles, se faisaient de plus en plus insupportables. L'altercation avec Alexandre au Cercle des nageurs n'augurait rien de bon. Elle fut la première – et la plus frontale – d'une longue série de menaces.

La plus mesquine fut sans doute celle sur mes activités professionnelles. Je l'ai dit, j'ai la chance d'avoir un métier – la médecine – qui me passionne depuis toujours. J'ai débuté, en sortant de la faculté, à la clinique Saint-Martin, l'établissement hospitalier que mes parents avaient fondé vingt ans auparavant avec un couple d'associés, les Giocanti. Il y a trente ans, avec François-Michel, le fils de ces derniers, nous avons repris le flambeau familial. L'établissement comptait à l'époque quatre-vingt-dix lits et employait une centaine de personnes. Il était et est toujours spécialisé en rééducation et soins de suite (SSR). Qu'est-ce, concrètement, que la SSR ? C'est le combat quotidien pour permettre aux personnes frappées par des handicaps très lourds de vivre la vie la plus normale possible. À la clinique, nous sommes confrontés tous les jours à ces tragédies aussi brutales qu'injustes qui heurtent les familles de plein fouet : les accidents vasculaires, les accidents de la route... Nous regardons souvent la mort en face mais avec la vie pour horizon. Je suis viscéralement attaché à cet établissement, que je n'ai jamais voulu quitter, même lorsque je suis entré au gouvernement.

Il y a un vrai paradoxe dans la vie politique : on n'est pas censé vivre de la politique, mais on ne doit pas non plus avoir un métier à côté. Moi, j'ai fait le choix de garder le mien. C'est mon équilibre. Cela peut paraître étrange de trouver son équilibre dans un hôpital, mais lorsque mes responsabilités m'ont amené à fréquenter les ors de la République, à prendre l'habitude d'être conduit par un chauffeur, la clinique m'a permis de toujours garder les pieds sur terre, d'être en contact permanent avec la réalité, y compris la plus pénible, avec ce qui compte réellement. Je ne suis pas et je ne serai jamais retranché dans une tour d'ivoire. Je connais les hommes, leurs douleurs, leurs espoirs.

Cet établissement, c'est aussi le meilleur gage de la sincérité de chacun de mes engagements : je gagne bien ma vie, je n'ai pas besoin de la politique, je suis parfaitement libre de penser, de parler, d'agir. Quand je suis sorti du gouvernement en 2005, c'est grâce à la clinique que j'ai pu dire à Jacques Chirac, qui s'inquiétait de ma situation professionnelle, que j'avais un métier qui m'attendait.

Évidemment, cette indépendance a un prix : les journées sont très longues ! D'autant plus longues que mon associé François-Michel Giocanti est un fin et ambitieux entrepreneur. Un vrai chef d'entreprise, courageux, intelligent, travailleur. En trente ans, ensemble, nous avons considérablement développé et transformé la clinique familiale. Elle compte aujourd'hui cent cinquante-trois lits et un hôpital de jour de vingt places, et emploie plus de trois cents personnes. Plus de mille cent patients y sont soignés chaque année. Nous y accueillons en stage les internes des hôpitaux, les élèves des écoles de kinésithérapeutes et d'infirmières. Nous avons aussi créé une école d'aides-soignantes et un centre de réveil pour les traumatisés crâniens. Cela nous a valu plusieurs prix, dont le prix de l'excellence hospitalière en 1990, remis par le directeur des

Hôpitaux. En 2010, nous avons également été classés 2e établissement hospitalier français par *Le Figaro Magazine*. C'est une immense fierté personnelle d'avoir contribué au mieux-être de tant de familles tout en créant un nombre important d'emplois pour les Marseillais.

Bien que plutôt méfiant à l'égard de la politique, mon associé m'a toujours autorisé à poursuivre ma carrière publique, dans la mesure où nos activités n'en pâtissaient pas. Et j'ai moi-même toujours pris soin de séparer clairement mes différents domaines d'activité. Je me souviens qu'au lendemain de mon élection comme premier adjoint au maire de Marseille, j'ai trouvé de nombreuses personnes dans le hall de la clinique… venues pour des audiences municipales ! Je les ai renvoyées vers mes permanences.

Ayant toujours évité le mélange des genres, jamais je n'aurais pensé que mes adversaires viendraient m'attaquer sur ce terrain, d'autant plus qu'en trente ans de carrière, j'ai soigné les familles de toutes les classes politiques de ma ville, tous bords confondus. Mais l'amnésie est un mal très répandu en politique et les mêmes qui me demandaient peu de temps auparavant de faire passer leur mère, leur frère, leur enfant avant les autres patients n'ont pas hésité à essayer de salir mes activités en faisant circuler de fausses rumeurs. Mon associé ayant le mauvais goût d'être le frère du compagnon de Christine Lagarde, nous étions tous deux des cibles de choix pour les jaloux, les mesquins, les médiocres de tous crins. Les communistes, les socialistes, les syndicalistes s'en sont donné à cœur joie, dénonçant un appel à projets de la ville de Marseille que notre clinique avait pourtant remporté de façon tout à fait légale, associée avec l'assistance publique de Marseille, la faculté de médecine et cinq autres établissements, pour les hôpitaux Sud, à Sainte-Marguerite. J'ai été véritablement écœuré par ces accusations. Mais comme les conditions de l'appel d'offres étaient parfaitement transparentes, ces calomnies n'ont rencontré que notre mépris.

D'autres attaques ont été beaucoup plus loin. Dans une volonté de diversification de nos activités, François-Michel et moi avons décidé de nous lancer dans l'hôtellerie et l'immobilier. Je venais de sortir du gouvernement, j'avais du temps devant moi et envie de bâtir quelque chose de nouveau. Partant du principe que nous étions capables de faire tourner une clinique, nous nous sommes crus capables de gérer un hôtel et de construire des maisons en bord de mer à l'île Maurice. Nous sommes donc partis la fleur au fusil, ravis à l'idée de tenter cette nouvelle aventure. Mais nous avons rapidement déchanté. De la même façon que l'on ne s'improvise pas médecin, on ne s'improvise pas gérant d'hôtel. À chacun son métier. Nous avons dû céder notre projet hôtelier au groupe Accor et gardé seulement notre projet de construction de villas en bord de mer. Mais quel projet… les travaux ont démarré fin 2005 et ont été terminés seulement à la fin de l'année 2011 ! Soit six années de galère mais une expérience fantastique. Tout au long du processus, nous avons respecté les lois françaises et mauriciennes à la lettre. Tout était transparent.

Mais mes adversaires politiques se sont jetés sur cette histoire comme des loups affamés – pour ces amateurs d'affaires véreuses, je n'ai jamais rien offert à se mettre sous la dent… Un individu proche d'Alexandre a fait le tour de toutes les rédactions pour dénoncer mes investissements, avec un argument massue : Muselier était encore secrétaire d'État aux Affaires étrangères quand il a lancé le projet, c'est clairement un conflit d'intérêt. L'individu est visiblement très mal renseigné. Il est vrai que je me suis rendu à Maurice lorsque j'étais ministre et que j'y ai rencontré mon homologue du gouvernement. Il est vrai, également, qu'à cette occasion, je suis tombé amoureux de cette île et de ses habitants. Mais lorsque nous avons lancé le projet, le gouvernement mauricien avait été battu aux élections et je ne connaissais plus aucun ministre en exercice.

Le délateur était d'ailleurs si mal informé (ou si mauvais en géographie) qu'il m'a accusé d'avoir monté mon projet à Saint-Martin, confondant le nom de l'île avec celui de la clinique…

Aussi creuses et fausses qu'étaient ces accusations, elles ont tout de même été reprises dans *Le Canard enchaîné* du 3 novembre 2010, lequel s'est fendu d'un long article truffé de contre-vérités et d'approximations. Un scoop erroné vaut mieux que pas de scoop du tout… Cela dit, même l'insolent volatile n'a pu que reconnaître, noir sur blanc, que tout était légal.

Même si la transparence de l'opération était avérée, même si les accusations, parce qu'elles étaient infondées, n'ont été reprises par aucun autre média, le mal était fait. Et le chœur des Innocents socialistes – avec, en tête, Eugène Caselli, Patrick Mennucci – s'est empressé de me renvoyer cette pseudo-affaire à la figure à chacune de mes attaques contre les Guérini, trop contents de pouvoir enfin botter en touche. D'un côté, un système de corruption et de détournement de fonds public mouillant les plus grosses huiles de la vie politique locale, mis au jour par plusieurs années d'enquête, de l'autre, un projet immobilier dont même ceux qui veulent ma peau n'arrivent pas à démontrer le moindre début d'illégalité… Amnésie *et* mauvaise foi sont les deux mamelles du PS marseillais.

L'affaire n'a pas été plus loin que l'article du *Canard*, mais mon associé a été très affecté par la polémique qu'elle a suscitée. Lui qui se tient à distance de la politique et qui me faisait confiance pour qu'elle ne vienne jamais parasiter nos projets, le voilà la cible de dénonciations calomnieuses. La fin de l'année est très dure pour nous deux.

Parallèlement aux accusations sur mes activités professionnelles, les menaces, les pressions sur ma famille se font de plus en plus fortes à mesure que l'enquête progresse. À la rentrée 2010, je deviens très inquiet. J'ai le sentiment d'entraîner tous mes proches dans un jeu dangereux. Moi qui avais fui la protection policière, quelques années auparavant, j'en viens à la solliciter directement auprès de Brice Hortefeux, que je croise mi-octobre à Paris. Sa réaction est éloquente : il rit ! Voilà ce que l'on gagne à jouer les têtes brûlées pendant des années : on ne vous prend plus au sérieux. Une semaine passe, je suis de moins en moins tranquille. Lorsque je croise de nouveau le ministre de l'Intérieur, je suis plus direct : « Quand tu viendras lire ton discours à mes obsèques, tu verras comment tu seras reçu par Stéphane[1]. » Il ne rit plus. La semaine suivante, c'est lui qui vient vers moi. Les remontées

1. Stéphane Muselier, mon épouse.

qu'il a eues du terrain ne sont pas bonnes : elles confirment mes pressentiments. Il me met sous protection rapprochée.

Je ne souhaite à personne de devoir donner à ses enfants un numéro à appeler en cas d'urgence. Je ne souhaite à personne de devoir leur expliquer comment réagir si quelqu'un leur semble suspect ou leur fait peur. Et je ne souhaite à personne de devoir faire tout cela sous les yeux de sa femme, furieuse, à juste titre. La réaction de Stéphane est implacable : « Tu n'es quand même pas assez con pour avoir mis ta famille en danger ? » Elle qui a toujours été si patiente, si compréhensive, semble avoir atteint ses limites. Dans une telle situation, ancien ministre de la République ou non, ceinture noire de karaté ou non, on se sent tout petit. Même si je sais que j'ai raison, même si je suis sûr que la vérité finira par éclater, je me sens affreusement coupable de les avoir mêlés à tout ça. Pour la deuxième fois de ma vie, je me demande si le jeu en vaut vraiment la chandelle.

L'arrestation d'Alexandre, le 1er décembre, vient chasser tous mes doutes. Je demande à ce que la protection soit levée à Noël. Je respire, enfin, et je retrouve mes forces, prêt à affronter la saison 2 de *24 Heures chrono*.

Un peu plus d'un an après ma sortie sur *Gomorra* à la CUM, je reprends la parole dans l'hémicycle le 10 décembre 2010. Plus besoin, cette fois, d'effet dramatique : les faits m'ont donné raison. L'heure n'est plus à la diatribe, mais au rassemblement. J'en appelle à la conscience de chacun. « Si vous avez été menacé, libérez-vous. Si vous avez subi des pressions, dégagez-vous. Courage, levez-vous ! J'en appelle à un sursaut républicain : nous sommes des hommes et des femmes libres dans une belle démocratie. Lisez, renseignez-vous, levez la tête, respirez. Regardez autour de vous, assumez vos responsabilités. Vous voyez, mes chers collègues, je devrais être accablé par la mise en examen de personnalités aussi importantes de la Communauté urbaine. Je devrais être accablé par la mise en examen de personnalités qui, au lieu de servir Marseille, se sont servies de Marseille. Marseille, ce n'est pas ça. Marseille est en train de grandir avec de grands projets et une ambition. Et ce ne sont pas quelques petits magouilleurs qui vont casser notre ville. Marseille a besoin de tout le monde. [...] Je reste positif et optimiste malgré toutes les difficultés. Car le paradoxe que nous vivons aujourd'hui, c'est qu'une nouvelle ère commence pour Marseille. Une ère qui s'écrira dans l'honneur. » Je pèse et je pense chacun des mots que je prononce.

Les socialistes baissent la tête. Les Verts sont mutiques. Les indépendants se regardent entre eux, déroutés. Eugène Caselli est dans ses petits souliers. Mon groupe applaudit. Jean-Claude Gaudin me donne pour la première fois raison en opinant du chef – sans plus. La prise de conscience est en route.

Chapitre 6

LA BOÎTE DE PANDORE

Des marchés truqués, des syndicalistes envahissants, des fonctionnaires interrogés par les gendarmes, des chefs d'entreprises suspects, un mystérieux compte au Luxembourg, des sociétés en Espagne et au Delaware, des écoutes téléphoniques, un président du conseil général dans le viseur, son frère en détention provisoire et des liens tortueux avec le grand banditisme : si les événements des derniers mois de l'année 2010 ont pu paraître confus aux Marseillais, les premiers mois de l'année 2011 ont de quoi les plonger dans la plus profonde perplexité.

7 janvier

On apprend dans la presse que Michel Karabadjakian, mis en examen le 30 novembre, s'est mis à table. Les gendarmes qui l'ont interrogé ont été copieusement servis. Au menu : le terrorisme exercé quotidiennement par Alexandre à la CUM – où ce dernier n'a, rappelons-le, officiellement aucune fonction. Les largesses du cadet des Guérini envers Michel Karabadjakian (secrétaire des cadres techniques de FO) avaient déjà été révélées. Mais ce que nous ignorions encore, c'étaient les contreparties – inévitables – de cette générosité. Si l'on en croit les aveux de Michel Karabadjakian, le prix à payer pour son salaire princier était plutôt élevé… Je tiens à préciser ici que je connais bien cet homme. C'était un ancien employé de la mairie de Marseille, avec lequel j'avais toujours entretenu de bonnes relations, nourries par notre passion commune pour le rugby. Je n'ai pas été étonné outre mesure par sa nomination à la CUM : il est intelligent et travailleur. Ce qui m'a profondément choqué, en revanche, c'est de voir comment cet homme qui a le physique d'un joueur de rugby a pu se laisser terroriser par Alexandre.

Dans son audition, il affirme ainsi : « J'ai cédé à ses pressions, il ne m'a pas adressé de demandes polies, je le craignais. Il ne m'a jamais frappé, je n'ai jamais entendu dire qu'il l'avait fait, mais j'ai été victime de ses colères. » Des colères homériques, selon toute vraisemblance, puisque Karabadjakian a obéi à la lettre aux ordres d'Alexandre. Ainsi, lorsqu'une élue du 6e arrondissement de Marseille demande à la CUM d'autoriser les services de nettoyage à travailler de nuit en période de soldes, le directeur général de la propreté ne donne pas suite à sa requête. La raison invoquée ? Un refus catégorique des syndicats. La vraie raison ? Un refus catégorique d'Alexandre, qui craint que la mise en place de ce ramassage nocturne ne favorise l'élue en question – d'opposition, a-t-on besoin de le préciser ?

Comment cet homme, fort comme un ours, qui avait une carrière, un grade important à Force ouvrière, a-t-il pu se coucher ainsi ? Cela reste un mystère pour moi. Pour mieux comprendre le pouvoir hypnotique exercé par Alexandre, j'aurais aimé assister à la confrontation entre les deux hommes, qui a eu lieu quelques jours plus tard, le 14 janvier. Une confrontation particulièrement tendue, qui a révélé un nouveau scandale – dont tout le monde se doutait à l'époque mais que personne ne pouvait prouver. J'ai déjà évoqué la grève des salariés de Bronzo qui avait plongé la ville dans la plus horrible puanteur à la rentrée 2009, et l'incompréhension des Marseillais à l'égard des revendications des grévistes – l'appel d'offres perdu par cette société privée était en effet tout à fait réglementaire. J'ai dit ma stupéfaction de découvrir, dans la presse, que les salariés de Bronzo avaient pu avoir accès à un document confidentiel, l'analyse technique des offres faite par la CUM. C'est cette découverte – parmi d'autres – qui m'avait mis la puce à l'oreille à l'époque et m'avait poussé à dénoncer publiquement les dysfonctionnements dans les passations des marchés. Selon Michel Karabdjakian, c'est Alexandre lui-même qui lui aurait ordonné de transmettre les documents aux grévistes : « Il souhaitait faire pression sur le président Caselli pour que celui-ci aille à l'encontre de la décision de la commission d'appel d'offres et ainsi désigner Bronzo. » Toujours prêt à mouiller la chemise lorsqu'il s'agit de favoriser ses copains, Alexandre se serait même rendu en personne sur un piquet de grève à la Capelette. Un des leaders du mouvement raconte : « Il nous a dit de ne rien lâcher, qu'il allait nous aider. » On sait comment cela s'est terminé : avec la décision du président de la CUM – Caselli, l'ancien premier secrétaire du PS, dont la seule fonction semble être d'enregistrer les desiderata des Guérini – de déclarer sans suite l'appel d'offres défavorable à Bronzo... Bien évidemment, Alexandre nie farouchement avoir sollicité quoi que ce soit auprès de Michel Karabadjakian, reconnaissant seulement « quelques contacts » entre eux.

Mais le décor est planté. La toute-puissance de celui que tout le monde surnomme « Monsieur Frère » est mise au jour. Les langues ne se délient pas encore mais nous avons mieux : les fuites, dans la presse, des écoutes des conversations téléphoniques d'Alexandre. Début janvier toujours, on découvre ainsi que ses tentacules s'étendent jusqu'à l'office des HLM, 13 Habitat (appelé autrefois OPAC Sud), dont Jean-Noël fut longtemps le président. Le contact du cadet des Guérini est Antoinette Camiglieri, directrice de cabinet du président, avec laquelle il a de fréquentes et longues conversations téléphoniques. On y entend Alexandre faire tranquillement son marché pour ses amis dans le parc immobilier public. Dix, quinze logements sont attribués en quelques mois par celui qui semble se considérer comme le maître des lieux. En récompense, Antoinette Camiglieri verra sa fille et son mari engagés à l'OPAC Sud. Simple comme un coup de fil !

Peu de temps après, on apprendra qu'Alexandre est également en ligne directe avec le directeur de cabinet de son frère au conseil général, Rémy Bargès, auquel il s'adresse comme à un subordonné lorsqu'il souhaite débloquer des subventions pour ses copains. Mais, si l'on en croit

Jean-Noël qui continue à clamer que « lui, c'est lui et moi, c'est moi », les portes du Paquebot bleu sont bien hermétiques et les conversations entre son frère et son directeur de cabinet ne sont jamais parvenues à ses oreilles…

8 janvier

Le président du conseil général adresse d'ailleurs à la presse, en ce début d'année, des vœux excessivement optimistes. Il se dit « serein, totalement décontracté », déplorant tout de même « le dysfonctionnement de l'institution judiciaire qui laisse impunément s'étaler dans la presse des extraits d'une procédure ». Évidemment, tout cela n'est que manipulation et volonté de nuire. Jean-Noël a foi en les Marseillais, qui ne tomberont pas dans le panneau grossier d'une enquête longue et minutieuse réalisée par une justice impartiale… Selon lui, l'affaire n'affectera en rien la campagne des cantonales, dont le PS sortira même « avec une majorité confortée » ! Il me fait penser au python Kaa du *Livre de la jungle,* qui hypnotise ses proies en roulant des yeux et en leur susurrant : « Aie confiaaaaaance… »

Quelques jours plus tard, ce sera au tour d'Eugène Caselli de se livrer à l'exercice périlleux des vœux en pleine tempête. Mais même le vent du scandale ne parvient pas à décoiffer le président de la CUM : « J'ai fait ce qu'il fallait faire, j'ai pris les bonnes décisions. Il faut repartir du bon pied. » Il poursuit son étonnant numéro d'équilibriste, devant parer à la fois les accusations de connivence et celles, aussi dangereuses pour lui, d'ignorance coupable de ce qui se passe dans sa propre maison : « Sachez que je prends seul et en toute indépendance les décisions qui incombent au président de la Communauté urbaine et sachez que si l'enquête débouche sur d'autres révélations de responsabilités encore inconnues à ce jour, je saurai sanctionner ces dernières sans faiblesse. » Nous voilà rassurés… À quel moment la solidarité amicale ou politique s'est-elle transformée en complicité ? Se rend-il compte de ce qu'il a cautionné, de ce qu'il a laissé faire, en pêchant par incompétence ou lâcheté – peu importe à ce stade ? Ces questions, qui restent pour le moment entre lui et sa conscience, ne tarderont pas à être posées par les enquêteurs et je crois qu'il le sait. Tout le monde s'en doute.

12 janvier

Les efforts de Caselli pour défendre son honneur passé et futur sont éclipsés par une actualité bien chargée : le 12 janvier sont mis en garde à vue quatre responsables aubagnais et tout d'abord Alain Belviso, le président de la Communauté d'agglomération du Pays d'Aubagne et de l'Étoile et élu municipal communiste d'Aubagne. Sont entendus, en même temps que lui, son directeur de cabinet, le directeur de cabinet du maire d'Aubagne ainsi qu'un ancien directeur des services techniques. C'est un vrai choc. Pour la première fois, un élu est inquiété. Selon la presse, les auditions portent sur la décharge du Mentaure à La Ciotat et sa gestion par les sociétés Queyras (dirigée par Éric Pascal) et SMA Environnement (dirigée par Alexandre Guérini). Il semblerait qu'à la Communauté d'agglomération, au plus haut niveau, on ait sciemment fermé les yeux sur les pratiques d'Éric Pascal et d'Alexandre Guérini. Entre janvier 2008 et avril 2010, près de 75 000 tonnes de déchets privés auraient ainsi été enfouies dans des décharges destinées aux déchets publics, générant près de 4,5 millions d'euros de bénéfice. La facture aurait été envoyée aux collectivités – l'Agglo d'Aubagne et la CUM – par le biais de faux bons de commande. Des fraudes à la pesée auraient également été pratiquées, en ajoutant de l'eau dans les bennes ou même… en demandant au chauffeur de rester dans le camion ! Une responsable du service des déchets aurait donné l'alerte en 2007 en avertissant son supérieur, Daniel Pinna. Lequel aurait à son tour prévenu sa hiérarchie – les personnes en garde à vue – qui lui aurait demandé de « laisser faire ».

Les gendarmes s'intéressent aussi de très près aux conditions de l'extension en 2006 de ladite décharge, que j'ai déjà évoquées : sous prétexte de la présence, sur le site, d'une espèce de « liseron duveteux », le conseil général des Bouches-du-Rhône avait préempté un terrain mitoyen en novembre 2004 au titre de la protection de l'environnement. Le terrain avait ensuite été généreusement rétrocédé à l'Agglo d'Aubagne, qui avait autorisé l'extension de la décharge. L'opération a été réalisée contre la volonté de l'ancien propriétaire du terrain, qui affirme avoir été menacé.

Alain Belviso sera mis en examen, puis remis en liberté, mais placé sous contrôle judiciaire. Les trois autres hauts fonctionnaires ne seront pas mis en examen et recouvreront également leur liberté.

Les responsables aubagnais ne sont pas les seuls à passer une mauvaise journée, en ce 12 janvier 2011. Le mystérieux Patrick Boudemaghe est lui aussi entendu par les gendarmes. Il représente le trait d'union entre le dossier des marchés truqués de Haute-Corse et celui des Guérini, et est soupçonné d'avoir « constitué une nébuleuse de sociétés françaises ou étrangères utilisée pour émettre une fausse facturation, notamment à l'occasion de l'exécution de marchés conclus avec des collectivités publiques et portant sur la fourniture de marchandises », selon l'avocat d'un des mis en examen. L'argent détourné serait abrité dans des comptes à l'étranger.

14 janvier

Stupéfaction. Je lis dans *Bakchich Info* que Jeannie Peretti, ancienne compagne d'Alexandre Guérini, a fanfaronné devant les gendarmes, disant avoir entendu des écoutes de conversations téléphoniques de maître Xavier Cachard. Au gendarme surpris, qui lui indique que l'obtention de telles écoutes est encadrée par des textes de loi, elle rétorque, sûre d'elle : « Ben oui. À moins que ce ne soit des écoutes sauvages ». Elle refuse, bien entendu, de dévoiler ses sources. Nous savons que le clan Guérini ne recule devant rien et surtout pas devant la loi. Mais d'ici à imaginer qu'ils s'en vanteraient devant les gendarmes…

19 janvier

Après les déchets, les maisons de retraite, les photocopieurs, les HLM, voilà les pompiers ! *La Provence* révèle que des agents du Service départemental d'incendie et de secours (SDIS) ont alerté la justice ainsi que le préfet au sujet de certaines dérives. Le SDIS est en effet une proie toute désignée pour Alexandre, friand de marchés publics : il est sous la tutelle du conseil général présidé par son frère et dispose d'un coquet budget de plus de 150 millions d'euros. Extraordinaire coïncidence, relevée par *Le Canard enchaîné* : le service est présidé par un copain d'Alexandre (un autre !), le conseiller général PS Jean-Pierre Maggi, surnommé « Knorr ». Est-il besoin de préciser que la compagne du susdit « Knorr », le roi de la tambouille, a été recrutée à ses côtés, tout comme son fils et son gendre ?

Pourquoi changer une équipe qui gagne ? On retrouve, parmi les heureux prestataires qui ont décroché des marchés avec la SDIS, la société SMA Environnement d'Alexandre, ainsi que la société ABT de Damien Amoretti, l'associé de Patrick Boudemaghe…

2 février

La terre tremble à la CUM. Eugène Caselli est placé en garde à vue, ainsi que Franck Dumontel, son directeur de cabinet fraîchement limogé, Olivier Grimaldi, avocat de la Communauté urbaine, et François-Noël Bernardi, président PS de la commission d'appel d'offres. Éric Pascal, responsable de la société de traitement des déchets Queyras, est pris dans le même coup de filet. Relâché après trente-six heures de garde à vue, Eugène Caselli fera cette confession incroyable à *La Provence* : « Ce n'est jamais agréable, lorsque l'on est un homme public, de se retrouver dans cette situation. La vie politique est faite de ce type d'aléas qu'il faut accepter. Ça fait partie du job. » « Ça fait partie du job » ?...

Quelle légèreté, de la part de quelqu'un à qui ont été confiées – certes, plus ou moins par hasard – de telles responsabilités ! C'est la goutte d'eau. Depuis plus d'un an, les journaux accumulent des faits gravissimes, confirmant et dépassant même nos pires soupçons. Depuis plus d'un an, les perquisitions, les gardes à vue, les mises en examen, les arrestations s'enchaînent. Depuis plus d'un an, nous subissons des menaces lourdes, voire des agressions. Et depuis plus d'un an, la majorité des responsables politiques nient l'évidence, se comportent comme si cette affaire catastrophique pour l'image et l'économie de leur ville, de leur région, faisait partie du folklore local. Quel mépris pour Marseille et pour ses habitants, sur le dos desquels un petit clan peut s'engraisser impunément ! Que le président d'une des principales institutions mises en cause balaie d'un revers de manche la gravité d'une mise en garde à vue, comme s'il s'agissait d'un non-événement un peu désagréable, d'une vulgaire visite chez le dentiste, cela me reste en travers de la gorge. Je ne peux pas laisser passer ça.

Quelques jours plus tard, je reprends la parole devant la CUM, bien décidé à donner un nouveau coup de pied dans la fourmilière, à crever définitivement l'abcès, à libérer enfin les paroles. Je dis, publiquement, combien j'ai été choqué par sa déclaration. « Car ce que vous avez qualifié "d'aléa de la vie politique" dans votre interview c'est un placement en garde à vue. Procédure qui, je le rappelle, ne peut être engagée que lorsque l'on soupçonne un individu d'avoir commis des faits susceptibles d'une peine d'emprisonnement. Vous avez même ajouté que "ça fait partie du job". Permettez-moi de penser tout le contraire. Il ne fait pas partie du job du premier représentant d'une institution politique que de se trouver placé en garde à vue. Son premier "job", comme vous le dites, est plutôt de faire tout ce qu'il faut pour ne jamais se trouver dans une telle situation, surtout quand on est le premier représentant d'une institution qui se trouve, elle-même, touchée par le soupçon. [...] Tout cela a un coût financier pour la collectivité et un impact négatif pour notre institution et notre ville. Toute cette histoire pollue notre vie d'élus, complique notre action politique et son efficacité, sème le trouble dans le grand public, engendre la discorde et ternit l'image de Marseille et de Marseille Provence Métropole. Le dernier titre de *Valeurs Actuelles* la semaine dernière "main basse sur la ville" est dévastateur. [...] Mes chers collègues, comme je vous l'avais demandé le 10 décembre dernier, levez-vous, libérez-vous. Mes chers collègues, les chefs de partis ont une responsabilité. Je suis toujours surpris par le mutisme des responsables locaux. Qu'ont-ils à craindre ? Alors aujourd'hui je me retourne vers le chef du Modem, Jean-Luc Benhamias. Jean-Luc, est-ce vrai que tu aurais dit il y a dix jours devant la presse : "Les affaires je n'en parle pas, je n'ai pas envie de me prendre une balle dans la tête" ? Si c'est une plaisanterie, elle n'est pas drôle. Si c'est vrai, alors rejoins-nous, tu n'es plus seul, assume ta liberté, n'aie plus peur. Monsieur le Président, la preuve est faite que si nous avions eu une vraie gouvernance partagée, nous n'en serions pas là. La preuve est faite que si vous aviez respecté le contrat communautaire partagé, signé avec les présidents des groupes politiques le 21 mai 2008, nous n'en serions pas là. Aujourd'hui Monsieur le Président, vous nous expliquez que vous êtes entré en résistance contre un système rampant et tentaculaire que je dénonce en public, officiellement, ici, depuis deux ans. Je veux bien vous croire et vous faire confiance. »

Je suis sincère. Je demande une trêve dans les querelles politiciennes qui nous aveuglent et nous détournent des vrais sujets. La justice suivra son cours et se chargera de ceux qui se sont rendus complices des Guérini. De mon côté, je suis prêt à tendre la main à tous ceux, de gauche ou de droite, qui sont de bonne foi. Pour les Marseillais. Pour l'avenir de notre ville. Pour que nous nous remettions enfin au travail, tous ensemble.

De l'avenir et du travail, nous en avons. Pour sortir du bourbier des affaires qui paralyse notre action, deux projets seraient à même de restaurer la confiance de nos administrés en la politique. Le premier : le Grand Marseille. La réforme territoriale dans laquelle s'inscrit ce projet permettrait de concentrer les moyens financiers, de diminuer les strates de décision, les blocages… et les bastions d'opacité où des élus mal intentionnés peuvent régner en maître. Second projet soumis à Eugène Caselli : le « Grenelle communautaire de l'eau », que je souhaite organiser au printemps et qui concerne tous les Marseillais, ainsi que les habitants des dix-huit communes de la CUM.

Mais, une fois de plus, Eugène Caselli refusera tout en bloc.

Nous voilà paralysés, de nouveau. Condamnés à attendre. Attendre quoi ? Que la justice accomplisse son œuvre ? Que les cantonales poussent Jean-Noël Guérini en dehors du Paquebot bleu ? Que le Parti socialiste réagisse enfin et daigne faire le ménage dans ses rangs ? De nouveau, je dois ronger mon frein. Situation intenable pour moi, qui ne supporte pas l'inaction.

Chapitre 7

GUÉRINI ET LES QUARANTE VOTANTS

C'est dans cette atmosphère de fin de règne, de paralysie, de paranoïa générale et permanente, que se profile la campagne pour les élections cantonales du 20 mars 2011. L'ambiance n'est plus électrique, elle est surréelle. Après la violence de la campagne pour les municipales de 2008, nous nous attendons à tout. Notre message est clair, nous le brandissons sur chacune de nos affiches, sur chacun de nos tracts : « Le choix de l'honnêteté ». Nous n'avons qu'une crainte : que les relents de l'affaire Guérini éclaboussent toute la classe politique et donnent du grain à moudre au Front National, toujours prompt à entonner le refrain du « tous pourris ».

Face à nous, Jean-Noël Guérini promène une assurance déroutante. On le dit au bord du gouffre depuis l'arrestation de son frère. Si c'est le cas, il n'en laisse rien paraître. Il ne lâchera rien, c'est évident. Mais, pour lui, cette élection est une course contre la montre, contre le rythme des révélations qui s'enchaînent dans la presse, contre l'enquête des gendarmes qui remontent méticuleusement les pistes jusqu'au conseil général, contre l'incendie allumé par son frère, qui gagne du terrain et pourrait bien venir lui lécher les orteils plus tôt qu'il ne le pense. Jean-Noël est assis sur une bombe à retardement. Combien de temps lui reste-t-il ? Se compte-t-il en mois, en semaines, en jours ?

La première détonation éclate dans *Le Parisien*, qui publie le 15 février des écoutes particulièrement compromettantes. Pour quelqu'un qui a toujours affirmé n'avoir jamais trempé d'aucune façon dans les affaires de son frère, il s'y montre très réceptif à ses sollicitations… Les enregistrements téléphoniques ont été réalisés à l'été 2009. Alexandre a alors un différend avec l'Agglopole Provence (qui regroupe 17 communes, dont Salon-de-Provence et Berre-l'Étang) : il juge la redevance sur l'utilisation de sa décharge de La-Fare-des-Oliviers trop élevée. Le directeur général des services, un certain Jean-Michel Rey, refuse de la baisser. Un chef d'entreprise lambda aurait peut-être pesté, essayé de renégocier, ou se serait résigné à payer le montant dû. Mais le frère du président du conseil général n'est pas habitué à se plier aux règles publiques et il décide de mettre en place un stratagème plutôt culotté. Il tente d'imposer son avocat, Régis de Castelnau, à l'Agglopole. Un cheval de Troie. Une tactique vieille comme le monde mais qui a maintes fois démontré son efficacité. Pendant un mois, Alexandre met la pression sur différents élus, avec la délicatesse qui le caractérise, pour que ceux-ci fassent appel à son conseil. Extraits fleuris.

Le 7 août 2009, Alexandre appelle son avocat Olivier Grimaldi pour lui expliquer son plan d'attaque : « J'ai envie de leur faire prendre Castelnau, parce que Rey il veut pas [...] on négocie avec notre ami de Castelnau tu as compris le schmilblik ? » Olivier Grimaldi a compris le schmilblick. Alexandre, anticipant une frilosité de certains élus à engager l'un de ses amis, surenchérit : « Il faut qu'on leur mette la pression à ces enc... » Quelques heures plus tard, il appelle son ami Régis de Castelnau pour se plaindre du manque de coopération du directeur général de l'Agglopole, alors même qu'il l'a « fait nommer administrateur territorial ». L'ingrat. Ne sait-il pas qu'avec Alexandre, on doit toujours renvoyer l'ascenseur ? Le cadet des Guérini demande à son acolyte d'« imprimer une pression politique pour que l'accord se fasse ».

Le 3 septembre, Alexandre appelle directement Serge Andréoni, le maire de Berre-l'Étang, qui ne lui oppose pas une résistance farouche – c'est le moins que l'on puisse dire : « Il [Michel Tonon, président de l'Agglopole] fera le choix que tu souhaitais pour défendre la chose. » Mais Alexandre se méfie. Il se tourne alors vers la personne la mieux placée pour s'assurer que le schmilblick est sur les rails : son frère. Il lui téléphone le 10 septembre et lui laisse ce message : « Je sais que tu reçois Tonon avec Serge en fin de matinée. [...] Tu prends Serge à part deux secondes et tu lui dis : règle-moi ce problème avec mon frère, je compte sur toi. Tu lui dis que ça, hein, je t'embrasse. » Message reçu par Jean-Noël, qui lui confirme en début d'après-midi : « Bon ben ça y est, je l'ai vu. Il m'a dit que c'était réglé, voilà ce qu'il m'a dit. » Régis de Castelnau sera en effet nommé quelque temps plus tard pour s'occuper du dossier.

Édifiant. Quelle qu'ait été l'issue de ce petit arrangement – Michel Tonon et Jean-Michel Rey nieront fermement avoir baissé le montant de la redevance –, preuve est faite que Jean-Noël Guérini ne rechigne pas à donner un petit coup de pouce à son frère, lorsque celui-ci en a besoin.

Il semble d'ailleurs que ses besoins soient assez fréquents. Dans les jours qui suivent, *Le Parisien* révèle d'autres écoutes tout aussi instructives.

Elles remontent à la fin du printemps 2009. Alexandre Guérini a alors des vues sur un terrain situé sur la commune de Saint-Martin-de-Crau, appartenant à un propriétaire privé. Il contacte son frère le 3 juin pour lui demander de servir d'intermédiaire avec le maire PS de la commune, Claude Vulpian : « Dis-moi, est-ce que c'est possible que tu demandes [...] à Vulpian s'il serait d'accord pour me vendre un terrain qui se trouve dans sa commune ? » Alexandre explique à Jean-Noël qu'il souhaite dépolluer le site et s'en servir pour « faire du photovoltaïque ». Réponse sans détour de Jean-Noël : « Je m'en occupe cet après-midi. » Quelques jours plus tard, il lui confirmera avoir pris contact avec l'élu. Plus surprenant, le 13 juin, Jean-Noël raconte à son frère une étrange conversation qu'il a eue avec un sous-préfet au sujet du fameux terrain, lors de l'inauguration d'une caserne de pompiers. Le sous-préfet aurait proposé au président du conseil général de « tout arranger » pour son cadet...

Les écoutes apportent également de l'eau au moulin du dossier des maisons de retraite. Là encore, Alexandre semble omniprésent, donnant une nouvelle fois des instructions au directeur de cabinet de son frère. À quel titre ? Monsieur Frère ne s'embarrasse pas de titre. Le 27 juillet 2009, il aurait ainsi demandé à Rémy Bargès de s'informer « si l'entreprise Senior Santé a déposé un dossier de maison de retraite à La Ciotat [...]. Et s'ils l'ont déposé, il faut absolument pas leur donner l'autorisation parce que heu, c'est des mecs qui vont emmerder Jean-Noël ça ». Rémy Bargès acquiesce. Quelques instants plus tard, nouveau coup de téléphone d'Alexandre, qui souhaite cette fois avoir un compte rendu de toutes les demandes faites sur le territoire de La Ciotat. Là encore, Rémy Bargès s'exécute. Les porteurs du projet en question n'obtiendront pas l'autorisation du conseil général.

Face à ce déluge de fuites dans la presse, Jean-Noël Guérini est scandalisé. Et il le dit haut et fort. « Je vais siffler la fin de la récréation », menace-t-il le 16 février, annonçant une première plainte contre *Le Parisien*. Le secret de l'instruction est une chose sacrée, comment les journalistes peuvent-ils le fouler ainsi aux pieds au nom du droit à l'information ?

Mais il choisit mal son moment pour son vibrant réquisitoire... Le soir même, France 3 révèle qu'il a lui-même piétiné allègrement ledit secret de l'instruction, en prévenant son frère de l'ouverture d'une enquête préliminaire sur ses petites affaires et ce, une dizaine de jours seulement après que le juge Duchaine a été saisi.

— Tu es censé ne pas le savoir. Moi je suis censé ne pas le savoir [...], il se dit qu'une enquête préliminaire sera ouverte. À mon avis ça doit être au sujet de tes décharges, Alex.

— Eh, qu'est-ce que tu veux que ce soit ?

— Mais de toute façon au bout de trois ans, y a prescription, ils peuvent rien faire.

— Si je te dis que j'ai rien à me reprocher je sais de quoi je parle, non ?

Alexandre est-il si sûr de lui ? On peut en douter, à en croire le coup de téléphone qu'il passe juste après à son principal collaborateur, Philippe Rapezzi.

— Regardez sur votre bureau, il faut rien laisser traîner, d'accord ?

— Ah mais là, je suis en route pour La Ciotat. Merde ! Bon. Je reviens ce soir.

À quelques semaines des cantonales, Jean-Noël danse au-dessus de plusieurs barils de TNT. Au dîner républicain qu'il organise le lendemain des révélations de France 3, à Allauch, il tente de désamorcer le malaise en martelant le refrain désormais bien rôdé de la victime : il se dit encore une fois « blessé, meurtri par la calomnie, le mensonge, les jugements hâtifs. [...] Je suis le puissant président du conseil général, puissant premier secrétaire fédéral du PS, frère de... coupable, forcément coupable. Un coupable idéal, même, sur le plan politique. J'assume ma personnalité. Mais je ne veux plus qu'on mette en cause ma probité au simple motif que j'ai un frère que j'aime comme un frère et qui aurait commis des fautes. Si c'est le cas, la justice décidera. » Il fait vibrer la corde sensible, celle de la fratrie, du sang : « Oui, j'ai eu mon frère au téléphone. On parlait de tout et de rien et même de politique, est-ce un délit ? » On aurait envie de lui répondre : de cela aussi, la justice décidera... Sans surprise, Jean-Noël contre-attaque en accusant le camp adverse, la droite, d'avoir organisé une « campagne de dénigrement honteuse ». Comme si nous avions le pouvoir de téléguider l'enquête des gendarmes ou de planifier les fuites dans la presse...

Jean-Noël Guérini veut imposer l'image d'un PS uni derrière son leader, mais, comme le murmureront certaines mauvaises langues présentes ce soir-là à Allauch, aucun élu ne s'est battu pour apparaître à ses côtés sur l'estrade. Michel Vauzelle et Eugène Caselli se sont même fait porter pâles. Contrairement à ce que veut faire croire Jean-Noël, les remontées du terrain ne sont pas bonnes. Les affaires grèvent la campagne.

Les cantonales s'avèrent d'autant plus ardues qu'à gauche, c'est la débandade. Le Parti communiste est lui aussi embourbé dans les affaires, avec la mise en examen, en janvier, d'Alain

Belviso, président de l'Agglo d'Aubagne, pour « complicité de détournement de fonds publics et complicité de détournement de biens publics ». Très affecté moralement et physiquement, celui-ci démissionnera de ses différents mandats électifs le 21 février – toujours soutenu par le PS et le PC.

Du côté des Verts, hors de question de jouer dans la comédie du bonheur aux côtés de Jean-Noël. Laurence Vichnievsky, conseillère régionale Europe écologie, alliée au PS, prend publiquement ses distances lors d'une interview à *La Provence* en osant s'interroger sur le fait qu'il reste président du conseil général. Dénonçant « le règne du clientélisme dans l'attribution des postes et la passation des marchés publics », elle annonce qu'elle n'appellera pas à voter pour des « candidats contestables ». Elle appelle les directions des partis politiques à prendre leurs responsabilités en dénonçant les faits et en mettant de l'ordre dans leur camp. Cette femme courageuse est mon premier soutien à gauche.

Voilà les autres grands absents du meeting d'Allauch. Si les journalistes sont venus en masse pour entendre Jean-Noël Guérini réagir aux récentes accusations, si ce dernier a réussi à mobiliser ses militants, aucun poids lourd du PS n'a fait le déplacement. Rue de Solférino, c'est silence radio… jusqu'à ce qu'Arnaud Montebourg décide de jeter un pavé dans la mare.

Coup de théâtre au PS : alors que les ténors du parti étaient restés prudemment à l'écart des affaires marseillaises, un membre de leur propre camp les oblige à balayer devant leur porte. Arnaud Montebourg adresse début mars à Martine Aubry un rapport « de constatation sur les pratiques de la fédération socialiste des Bouches-du-Rhône ». Le texte est accablant. Ce qui frappe à sa lecture, ce n'est pas tant la longue liste des « anomalies » relevées – pour la plupart déjà abondamment citées et commentées dans la presse depuis des mois – que la chape de plomb qui pèse sur le parti et le climat de terreur imposé par le président du conseil général.

Arnaud Montebourg souligne ainsi le grave mélange des genres entre le parti et la gouvernance locale : « Tout le système fédéral est construit autour de la domination du conseil général sur le parti. Le conseil général, machine à distribuer des postes d'élus ou d'employés, est utilisé comme instrument clientéliste, non pas aux fins de développer le parti, […] mais au contraire d'asseoir sans partage le pouvoir de son président sur le parti, sur les autres collectivités locales, que ce soit l'agglomération marseillaise ou, jusques et y compris, la région Provence-

Alpes-Côte d'Azur. L'argent public y est notoirement utilisé pour faire pression sur les élus socialistes afin de s'assurer de leur soutien sans faille – pour ne pas dire leur docilité – quand il ne s'agit pas de leur silence. [...] Le cabinet du président du conseil général est ainsi devenu le lieu de contrôle de la vie militante dont l'essentiel de l'activité consiste à s'assurer la fidélité aveugle des responsables de sections ou des cadres fédéraux de notre parti. »

Toutes proportions gardées, c'est un système quasiment stalinien qui est décrit. Tout y est : le pouvoir personnel hypertrophié, le « culte du chef » qui s'est « auto-proclamé président de la fédération socialiste des Bouches-du-Rhône, un poste qui n'existe pas dans les statuts », le « contrôle sans limite de Jean-Noël Guérini sur le parti », mais aussi les pressions, les menaces sur les fonctionnaires, les élus, sur leurs familles... « À chaque fois, écrit Arnaud Montebourg, ce sont des hommes apeurés qui s'expriment, ce point m'ayant sensiblement frappé. » Guérini sème la terreur et laisse entendre qu'il surveille les faits et gestes de chacun : « Le 17 mars 2010, au cours d'une réunion de groupe des élus PS (marseillais), Jean-Noël Guérini affirma, en défiant la loi, disposer d'écoutes et de SMS démontrant que certains camarades l'auraient dénoncé dans les affaires politico-judiciaires en cours. [...] "Je sais avec qui vous parlez, je sais quels journalistes vous voyez, j'ai même le texte de vos SMS"... » L'œil de Moscou. Avec des amis comme ça, pas besoin d'ennemis !

En conclusion, Arnaud Montebourg demande la mise sous tutelle de la fédération. « Si la direction du parti n'a pas de compétence pour juger du bon respect de la loi républicaine par les dirigeants de la fédération dans leur comportement à la tête de leur collectivité, ce qui revient exclusivement à la justice – heureusement saisie en l'espèce –, il n'en reste pas moins que celle-ci a une responsabilité particulière et directe en ne faisant pas cesser la douce tolérance à l'égard de pratiques qui nous déshonorent collectivement et rendent impossible l'adhésion à nos valeurs, nos projets et notre idéal. » Douce tolérance... doux euphémisme ! Silence complice, cécité volontaire, omerta coupable, OK, mais douce tolérance... Le chevalier blanc du PS a l'art d'arrondir les angles avec la direction de son parti. Laquelle, en revanche, ne prendra pas de gants pour qualifier celui qui a osé remuer la poussière sous les tapis de la maison socialiste.

La première réaction de la rue de Solférino pour justifier son trop long mutisme est proprement sidérante. Alors qu'Arnaud Montebourg dit avoir envoyé son rapport à Martine Aubry début décembre, celle-ci affirme tout simplement… ne pas l'avoir reçu ! Mais qui pense-t-elle duper ainsi ? Même mes enfants n'ont jamais osé donner une justification aussi pitoyable pour me cacher un mauvais bulletin de notes. Une telle réaction serait risible si elle n'était pas aussi grave.

Le ton est donné : au PS, on ne veut pas entendre parler des affaires marseillaises, surtout pas à quelques semaines des cantonales. Dès lors, tous les moyens sont bons pour faire taire l'impétrant. Quand on veut noyer son chien, on l'accuse de la rage. Le PS, qui avait conservé un silence de mort depuis le début de l'affaire Guérini, retrouve soudain sa voix. Irresponsable, égoïste, calculateur, traître : les insultes fusent à l'encontre d'Arnaud Montebourg. François Lamy, conseiller politique de Martine Aubry et sa première gâchette, pense qu'il « ferait mieux d'aller soutenir les candidats aux cantonales ». Razzy Hammadi, proche de Benoît Hamon, juge qu'il n'a pas à « s'instituer procureur, et encore mieux inquisiteur ». Pour Moscovici, les accusations « ne reposent sur rien. […] À deux semaines des élections cantonales, [il] trouve cela hautement contestable ». François Rebsamen traite Montebourg de « Monsieur Propre ». Jean-Noël Guérini, particulièrement inspiré, voit en lui « un

Rastignac qui prend les caméras pour des miroirs et les micros pour des sucres d'orge ». Il porte plainte pour diffamation. N'ayant peur de rien, Jean-David Ciot, premier secrétaire fédéral délégué, va jusqu'à dénoncer en Montebourg un traître coupable de « collusion avec la droite marseillaise ». « Si la preuve était faite, nous demanderions son exclusion du parti socialiste. » Un espion à la solde des États-Unis ? On s'attendrait presque à voir le camarade Arnaud Montebourg contraint de faire une autocritique publique, lisant un texte écrit par d'autres où il reconnaîtrait être un « ennemi du peuple »... Seul François Hollande, l'ancien premier secrétaire, se mure dans un silence coupable.

Le traître est lâché, lynché par son propre camp, où quelques voix discordantes – mais toujours très prudentes – se font entendre. Ségolène Royal affirme ainsi que « le Parti socialiste doit être exemplaire », tandis que Jean-Marc Ayrault demande que des personnalités indépendantes se rendent sur place pour voir ce qui s'y passe.

Mais malgré la pugnacité de Montebourg, qui réaffirme ses accusations dans une lettre à la première secrétaire du parti, Martine Aubry persiste sur l'air du « circulez, y a rien à voir ». « L'affaire est close », ose-t-elle dire quelques jours seulement après avoir reçu le rapport. Une commission d'enquête diligentée par le PS et dirigée par l'ancien ministre de la Défense Alain Richard livrera ses conclusions avant l'été – donc après les cantonales. Jean-Noël lui-même aurait demandé un audit à sa direction sur sa fédération. C'est un enterrement de première classe pour l'embarrassant rapport Montebourg.

Pour l'heure, Martine Aubry veut laisser travailler la justice, celle-là même qu'elle n'a jamais hésité à devancer quand cela l'arrangeait… Ou l'art de l'indignation sélective. Si Martine Aubry avoue avoir bien « lu des choses dans la presse, des rapports d'écoutes », elle n'y a vu « rien de précis, rien de répréhensible ». « Rien de répréhensible » ? Peut-être n'a-t-elle « pas reçu » non plus les journaux depuis plusieurs mois ? Sa réaction face au dossier de défense que lui remettra Arnaud Montebourg fin mars pour étayer ses propos explique beaucoup de choses : « Je constate avec étonnement à la lecture du sommaire, qu'outre ton rapport, figurent des copies de procès-verbaux de police et des retranscriptions d'écoutes téléphoniques provenant à l'évidence d'une procédure judiciaire en cours. Ignorant comment ces documents sont parvenus entre tes mains en violation du secret de l'enquête et de l'instruction, et ne sachant si tu as requis et obtenu l'autorisation des autorités judiciaires pour les produire, je ne puis en l'état que te les retourner immédiatement, me refusant à les conserver et aussi à prendre connaissance de leurs contenus. » Sachant que les colonnes des journaux débordent depuis plus d'un an de ces procès-verbaux et de ces écoutes, la première secrétaire leur a peut-être réservé le même sort, en les renvoyant à l'expéditeur ? Cela seul pourrait expliquer son ignorance de la gravité des faits reprochés à Jean-Noël.

Soyons clairs : il revient en effet à la justice de trancher sur les malversations présumées dans les passations des marchés publics et sur les soupçons de corruption et de détournement de biens publics, mais la littérature abondante écrite depuis des mois sur les dérives clientélistes, le climat de terreur instauré par un individu qui n'a aucun mandat électif, les pressions exercées sur les élus et les fonctionnaires, tout cela relève de la morale politique et ne peut être balayé d'un revers de main par la responsable d'un parti.

Le PS en paiera le prix aux cantonales. Martine Aubry ne lit pas la presse ? Les électeurs si. Les socialistes perdent deux cantons dès le premier tour et voient leur score reculer nettement par rapport à 2004. La quasi-totalité des candidats FN arrivent en tête. Dans le brouhaha éreintant de l'affaire Guérini, les Marseillais ont compris le message : tous pourris. En ne sanctionnant pas fermement les pratiques du président du conseil général, le PS a ouvert un boulevard aux frontistes. En sacrifiant la morale politique sur l'autel des petits calculs électoraux, ils nous ont tous condamnés. Mon équipe et moi-même sommes ivres de colère. Quelle irresponsabilité. Quel mépris pour les électeurs marseillais. Quel gâchis. Hors de question de cautionner leur paralysie coupable : alors que le débat fait rage, au national, sur les soutiens apportés par l'UMP au second tour en cas de duel PS-FN, pour nous, le slogan est très clair : ni FN ni Guérini.

Dans cette débâcle générale, certains résultats nous redonnent toutefois de l'espoir. À Notre-Dame-du-Mont, dans ma circonscription, le député PS Jocelyn Zeitoun tombe au premier tour, au profit de Solange Biaggi, adjointe au maire de Marseille. Dans le canton du Camas, également dans ma circonscription, Antoine Rouzaud, vice-président de la CUM en charge de la propreté, est éliminé lui aussi dès le premier tour. Eugène Caselli avait refusé de sanctionner cet élu dont nous avions dénoncé la connivence avec les salariés de Bronzo au tout début de l'affaire. Les électeurs s'en sont chargés. À sa place, est élue Marine Pustorino, adjointe au maire, benjamine du conseil municipal et désormais plus jeune conseillère générale de France.

Je dois dire que j'ai été bluffé par cette toute jeune élue de 23 ans, qui n'a pas fléchi devant les pressions, bien au contraire. Quand d'autres se sont recroquevillés aux premières menaces, Marine semblait plus déterminée à chaque coup qu'elle recevait ! Autant dire qu'à la fin, elle était presque indestructible… Antoine Rouzaud, un vieux de la vieille dans le secteur, a fait l'erreur de la sous-estimer. Il a mis du temps à réaliser la menace qu'elle représentait et l'a laissée coller gentiment ses affiches pendant plusieurs mois avant de se rendre compte de sa popularité. La fille de la fleuriste du boulevard Chave capable de détrôner le tout puissant vice-président de la CUM, « poulain » d'Alexandre et patron du parti radical de gauche ? Quand il a senti le vent tourner, aux environs de février, son équipe a sorti l'artillerie lourde. C'était la fable du lièvre et de la tortue revue et corrigée à la sauce mafieuse, avec un lièvre secondé de porte-flingues. Le mauvais film a commencé. En pleine rue, un proche d'Antoine Rouzaud, fonctionnaire au conseil général, a menacé des jeunes militantes : « Votre petite, on va la ramasser. » Le père de notre candidate a été suivi par un homme en scooter, qui demandait des instructions à l'oreillette de son portable : « Il est là. Je l'ai. Dites-moi ce que je dois faire. » Intimidation ? Menace réelle ? Heureusement, nous ne le saurons jamais, le père de Marine ayant réussi à le semer. Quelques jours plus tard, deux colleurs d'affiche d'Antoine Rouzaud se sont garés devant le portail de la maison familiale, bloquant toute sortie pendant plusieurs heures. La permanence de Marine a été taguée, les panneaux de ses affiches cassés. Elle ne pouvait plus se déplacer toute seule, préférant même parfois dormir en dehors de Marseille, pour plus de sécurité. Ses bulletins de vote ont mystérieusement disparu juste avant leur enregistrement – les candidats devaient faire imprimer leurs bulletins de vote et les déposer à une date précise, avant 12 h 30, à la préfecture, sinon leur candidature était invalidée. La veille au soir, l'imprimerie avec laquelle Marine avait travaillé l'appelait pour lui dire que le camion contenant ses bulletins avait été volé. Elle a dû se débrouiller pour tout faire réimprimer en urgence. Quand elle s'est rendue *in extremis* le lendemain à la préfecture, elle a eu l'agréable surprise de voir un photographe et un huissier en embuscade devant l'administration, qui espéraient sans doute immortaliser sa défaite.

Sa victoire a été une immense fierté pour nous, et un grand soulagement. Antoine Rouzaud a déposé un recours à l'encontre de son élection devant le tribunal administratif de Marseille, qui a rendu à la rentrée 2011 sa décision en faveur de Marine. Mais les pressions ne se sont pas arrêtées là. À sa première séance au conseil général, alors que ses parents et des amis étaient venus la soutenir, son père s'est fait violemment prendre à parti par le même fonctionnaire qui avait menacé ses militantes : « Toi et ta fille, je vous conseille de mettre des très gros rétroviseurs, vous allez en avoir besoin », lui a-t-il dit avant de lui asséner un grand coup dans les côtes. À peu près au même moment, un ami d'Alexandre est venu la voir : « Tu feras moins ta maline quand Alexandre sortira. » Quelques jours plus tard, elle le reconnaîtra dans le public d'une séance plénière du conseil général… Courageuse Marine. Du haut de ses 23 ans, elle donne une vraie leçon de bravoure politique à tous ceux qui ont mis un genou à terre devant les Guérini !

Dans tous les cantons marseillais, le PS recule, tandis que nous faisons réélire tous nos sortants. Notre choix a payé. Notre victoire serait totale si les socialistes se levaient enfin contre Jean-Noël Guérini. Malheureusement, malgré la gifle infligée par leurs électeurs, ils s'enfoncent dans leur mutisme. Quelques très rares élus, qui ont senti le vent du boulet aux cantonales, osent remettre en doute la légitimité du président – dont Marie-Arlette Carlotti, ou Michel Pezet, devancé au premier tour par un novice du FN. Mais ils se retrouvent bien isolés. Autre défection, de taille : le conseiller municipal et sociologue Jean Viard, qui avait co-écrit un livre avec Jean-Noël, affirme dans *La Provence* qu'il serait

« surréaliste que Jean-Noël Guérini se présente à la présidence du conseil général ». Cette liberté de parole détonne, et Jean Viard en livre la clé dans son interview, au journaliste surpris que cette candidature ne soit pas plus débattue au sein du PS : « Je suis un personnage décalé, engagé récemment en politique, avec un métier à côté, qui est justement les sciences politiques. » Seul un élu autonome, qui ne doit rien à Jean-Noël, peut donc se permettre de sortir des rangs. À en croire le résultat de l'élection du président du conseil général qui aura lieu quelques jours plus tard, ils sont peu nombreux…

Malgré les appels solennels d'Arnaud Montebourg à Martine Aubry, malgré la demande du parti Europe Écologie-Les Verts au Parti communiste de présenter un candidat concurrent, malgré les dénonciations de « pratiques népotiques, corruptives, claniques, autoritaires et clientélistes » par un collectif de militants socialistes appelé Renouveau PS 13, malgré la réprobation publique de l'ONG Transparency International France, Jean-Noël Guérini sera le seul candidat, à gauche, à sa propre succession. Seule – bien maigre – concession faite à la direction du parti : il annonce qu'il démissionnera de la tête de la fédération s'il est réélu. On appréciera l'ironie involontaire du communiqué officiel du PS 13, saluant le fort taux de participation (60 % selon les organisateurs) des militants au vote pour désigner Jean-Noël (seul candidat, j'insiste) : cela « témoigne de leur intérêt pour ce nouveau moment fort de la démocratie interne ». Belle leçon de démocratie de la part du PS, en effet. Les organisateurs ont-ils comptabilisé les votes de la dissidente section aixoise, dans laquelle, sur 95 bulletins, on a pu dénombrer 69 blancs, et un vote en faveur de… Staline ?

Le jeudi 31 mars, Jean-Noël est donc réélu président du conseil général des Bouches-du-Rhône, sans surprise. Ou presque. Alors que la gauche comptait 37 voix sur le papier (31 PS et 6 PCF), il obtient 40 voix au total. Il fait le plein dans son camp, chez les communistes, sans une seule abstention, et trois élus à droite ont trahi les leurs, une nouvelle fois. Le lendemain, 1er avril, *La Provence* titre « Et le grand vainqueur est… Jean-Noël Guérini ! ». Cela aurait pu être le meilleur poisson d'avril de l'histoire du journal. Mais non. La mauvaise plaisanterie n'a pas encore assez duré. Seule consolation pour nous : Jean-Noël, qui ne connaît pas l'expression « profil bas », jubile et prend soin d'entraîner la direction de son parti dans sa victoire à la Pyrrhus. Alors que, rue de Solférino, on commence à lui donner le poétique surnom de « bâton de poulailler » – par quelque bout qu'on le prenne, on est sûr de se salir les mains –, il réaffirme face à la presse que son mandat a été renouvelé « en plein accord avec Martine Aubry », la championne des leçons de morale. Le PS l'a voulu, il l'a eu.

Chapitre 8

UN TABLEAU « FAÇON PUZZLE »

En avril 2011, on connaît déjà depuis quelque temps le nom de code de l'enquête menée par les gendarmes : le dossier « Guernica ». Si le choix du tableau d'un massacre est particulièrement judicieux pour cette affaire qui est en train de mettre Marseille à terre, l'impression qui se dégage, pour un observateur extérieur qui n'est pas dans le secret de l'instruction, est plutôt celui d'un tableau pointilliste : ce qui apparaissait tout d'abord comme des petites touches de couleur indépendantes – dossiers des déchets, des maisons de retraite, des photocopieurs, des pompiers, CUM, conseil général, agglomération d'Aubagne, sociétés en Espagne, au Delaware, comptes au Luxembourg – prend petit à petit, et avec le recul, une forme cohérente. Mais, contrairement aux représentations du Vieux Port par Signac, cette forme n'est pas celle d'une ville chatoyante, exubérante, colorée, que la brume matinale rend plus poétique qu'inquiétante, mais bien celle d'une cité rongée par la corruption organisée.

Alors que le PS referme la porte du placard sur ses cadavres encombrants, que Jean-Noël jubile de sa nouvelle légitimité, et qu'Alexandre est remis en liberté, le printemps s'est chargé d'apporter les dernières pièces du puzzle. Après la trêve des cantonales, la justice reprend sa route et dessine, par ses perquisitions, ses mises en examen, et ses fuites, un système, redoutable. On y voit plus clair, enfin. Au cœur du système se trouveraient l'omniprésent Alexandre et son réseau tentaculaire d'« amis » placés à des postes clés des collectivités publiques pour lui assurer la haute main sur les marchés publics, l'attribution de logements sociaux et de subventions.

À la CUM, d'où tout est parti, ce n'est plus un secret pour personne, désormais, qu'Eugène Caselli n'était qu'un homme de paille. Lui-même avait d'ailleurs fini par le reconnaître devant les gendarmes lors de son audition début février alors que deux mois avant, il jouait encore les étonnés. Entre passer pour un complice ou pour le dindon de la farce, on peut comprendre que sa décision ait été longuement réfléchie… Son témoignage est d'ailleurs assez cocasse : il avoue que plusieurs de ses principaux collaborateurs lui ont été imposés par les frères Guérini, mais, dit-il sans rire « je n'avais aucun moyen à l'époque de subodorer qu'ensuite ces personnages pourraient se montrer indélicats. Mais, avec le recul des faits, il me semble que j'ai été placé dans une tour d'ivoire afin de me couper de certaines informations ». C'est la reconnaissance publique d'un manque de clairvoyance.

Eugène Caselli reconnaît le caractère inquiétant d'Alexandre, qui l'aurait déjà agressé verbalement lors d'une conversation téléphonique, il reconnaît également son omniprésence à la CUM, mais il pensait naïvement qu'il « venait, comme à son habitude, faire en sorte que tout se déroule bien pour la collecte et le nettoiement » !

Avec un président fantoche et des fidèles à tous les étages (Franck Dumontel, le propre directeur de cabinet de Caselli, Antoine Rouzaud, vice-président en charge de la propreté, Michel Karabadjakian, directeur en charge de la propreté, etc.), Alexandre aurait eu ainsi les coudées franches pour régenter la collectivité et tirer les ficelles des appels d'offres en sa faveur ou en faveur de ses amis. Il serait ainsi intervenu dans au moins quatre renouvellements de marchés publics en 2009, et même si la commission d'appel d'offres n'a pas toujours tranché, *in fine*, en faveur de ses protégés, ses manœuvres ont coûté très cher à la collectivité. De nombreux éléments, dont des écoutes téléphoniques issues de l'enquête, laissent présumer qu'il aurait téléguidé la grève des salariés de la société Bronzo en 2009 en leur communiquant des documents confidentiels relatifs à l'appel d'offres. Une grève aussi longue que coûteuse pour le contribuable.

Nous avons vu également comment, du côté de la Communauté d'agglomération du pays d'Aubagne et de l'Étoile, Alexandre pouvait aussi compter sur un certain nombre d'amis pour couvrir les opérations qu'il réalisait notamment à la décharge du Mentaure. Début avril, alors que les journaux nationaux font leurs choux gras de l'esclandre Montebourg, *La Provence* nous en apprend un peu plus sur les conditions de l'extension de ladite décharge sur un terrain mitoyen appartenant à la famille Semaire, qui, souvenons-nous, en avaient laissé plus d'un songeur. Les rares naïfs qui croyaient encore que le terrain avait été préempté par le conseil général pour de pures considérations écologiques (la présence d'un spécimen rare de liseron duveteux) déchantent en découvrant dans la presse deux documents plus que troublants : deux délibérations de la commission permanente du conseil général adoptées à quelques minutes d'intervalle, le 22 novembre 2004. La première concerne la préemption du terrain au nom de « la préservation de la qualité des sites, des paysages et des milieux naturels ». La seconde, prise par les mêmes conseillers généraux, lors de la même séance, accorde une subvention de près de 2,5 millions d'euros à l'Agglomération d'Aubagne, propriétaire de la décharge du Mentaure, pour la réhabilitation du site et « la création d'un centre de stockage des déchets ultimes à La Ciotat ». Ce programme, dont le coût total serait d'environ 8 millions d'euros, prévoyait notamment l'extension de la décharge sur le fameux terrain Semaire. En quelques minutes, le sort du liseron duveteux a basculé : sauvé, puis enfoui sous des tonnes d'ordures. Pour faire du compost, sans doute… Encore une fois, Alexandre se trouvait au cœur du dispositif, puisque sa société SMAE venait de remporter le marché de l'aménagement et de l'exploitation de la décharge. Mais *La Provence* révèle également que, si les travaux lui ont bien été réglés, les prestations en question ont été réalisées par d'autres sociétés, dans le cadre d'autres marchés publics passés par l'Agglo d'Aubagne. Malaise pour les responsables de cette dernière, qui se disaient victimes et non complices du cadet des Guérini.

Le dossier de la décharge du Mentaure nous amène tout naturellement au troisième terrain de jeu privilégié d'Alexandre, et sans doute son préféré : le conseil général. Là encore, on a facilement identifié les agents infiltrés du plus grand chasseur d'argent public des Bouches-du-Rhône. Aux avant-postes, Rémy Bargès, le directeur de cabinet de son frère, qu'Alexandre traitait comme un subordonné. Rémy Bargès entre dans le collimateur de la justice en avril, soupçonné d'avoir fait le ménage dans les bureaux du cabinet de son président à la veille de la perquisition au siège du département qui avait eu lieu le 20 novembre 2010. Lorsque les gendarmes étaient entrés dans le Paquebot bleu, ils avaient en effet découvert que tous les ordinateurs du cabinet et des secrétaires de Jean-Noël Guérini avaient été fraîchement remplacés. Entendu en qualité de témoin quelques jours plus tard, Rémy Bargès avait admis avoir ordonné la destruction des postes de travail, pris de panique, « dans la mesure où il y avait un certain nombre d'informations à caractère politique sur ces ordinateurs, notamment des notes sur les subventions d'associations ».

Par cette défense bien maladroite, il avoue qu'au conseil général, le critère d'attribution des subventions aux associations est essentiellement « politique » – donnant ainsi raison à Arnaud

Montebourg. Ce dernier avait en effet critiqué, dans son rapport, une distribution des subventions à la « fidélité » du client, qui pouvait « conduire aux dérives les plus graves dans l'usage de l'argent public ». C'est le premier axe de l'enquête du juge Duchaine, qui ordonnait au printemps 2010 des perquisitions dans les locaux d'associations marseillaises.

Si l'omerta règne encore chez les salariés actuels du conseil général, d'anciens fonctionnaires commencent à apporter de l'eau au moulin des gendarmes. Vincent Potier, directeur général des services de 2002 à 2008, raconte ainsi à la fin de l'année 2010 que « le cabinet [de Jean-Noël Guérini] indiquait aux services le montant des subventions à verser aux associations, lesquelles déposaient plus tard les dossiers ». Les gendarmes s'intéressent tout particulièrement, en ce printemps 2011, à une association satellite du conseil général, l'Entraide Solidarité 13, qui gère les clubs seniors du département. Des clubs seniors particulièrement bien lotis, avec non moins de 5,2 millions d'euros de subventions en 2006 – ce qui n'a pas manqué d'éveiller la curiosité de la chambre régionale des comptes. Pourquoi une telle générosité, de la part du département ? Le fait que le directeur de l'association est un proche d'Alexandre a-t-il pesé dans la balance ?

Deuxième axe de l'enquête pour ce qui concerne le conseil général : les marchés publics. Par où commencer ? L'enquête s'intéresse tout d'abord de près, comme nous l'avons déjà vu, aux conditions de passation des marchés du SDIS (Service départemental d'incendie et de secours, sous tutelle du conseil général), présidé par l'ami d'Alexandre et de Jean-Noël, Jean-Pierre Maggi, conseiller général. Sur la piste des maisons de retraite, ensuite, nous nous souvenons du coup de téléphone très clair qu'Alexandre passa à Rémy Bargès pour écarter la société Senior Santé d'un appel d'offres « parce que, euh, c'est des mecs qui vont emmerder Jean-Noël ». Ce que nous découvrons au printemps, c'est que la société qui avait repris le projet par la suite était pilotée en sous main par le parrain Bernard Barresi. L'arrestation de ce dernier en mai 2010 avait stoppé net le chantier. Il semble en effet qu'en ce qui concerne le gros gâteau des marchés publics du conseil général et de ses organismes sous tutelle, Alexandre soit intervenu davantage pour favoriser ses amis multiples que ses propres sociétés, prenant soin de ne pas apparaître trop directement dans les affaires de son frère. Ainsi, de plusieurs chantiers attribués de façon suspecte par 13 Développement (une société d'économie mixte du conseil général spécialisée dans l'immobilier) à la société ABT, dont les responsables sont des proches d'Alexandre et de Bernard Barresi. Ainsi, également, du marché concernant le gardiennage sûreté sécurité des sites déconcentrés du conseil général remporté par la société Alba Sécurité de Carole-Evelyne Serrano, compagne de Bernard Barresi. Vincent Potier nous apprend que l'ancien directeur de cabinet de Jean-Noël, Jean-François Noyes, devenu conseiller général par la suite, « avait un suivi très attentif et très personnel » des marchés de sécurité. Avait-il lui aussi, comme son successeur, une ligne directe avec Alexandre ?

Le troisième axe de l'enquête, sur les logements sociaux gérés par 13 Habitat (sous la tutelle du conseil général), laisserait supposer que oui. La responsable de l'organisme, Antoinette Camiglieri, avec laquelle Alexandre avait de longues conversations téléphoniques en 2009 pour obtenir des logements à loyer modéré à ses protégés, était en effet l'assistante du président de 13 Habitat… Jean-François Noyes ! On note d'ailleurs, dans les écoutes téléphoniques qui ont filtré dans la presse, qu'Alexandre et Antoinette se sont particulièrement démenés pour obtenir un logement décent à « Mesdames Costaglioti », qui ne sont autres que la première compagne et la fille de Bernard Barresi… Toujours au sujet des HLM, on se souvient que Monsieur Frère – qui déclarait en 2009 un revenu annuel de 470 000 euros – avait avoué occuper lui-même un logement social pour la modique somme de 474 euros par mois, à la résidence des Catalans. Il avait été attribué à son père, décédé depuis plusieurs années. Après plusieurs courriers réclamant les documents nécessaires pour évaluer les droits d'Alexandre à récupérer le logement, l'office HLM a fini par appliquer la procédure normale dans un tel cas, en dépêchant le 7 juillet 2011 un huissier de justice ainsi qu'un officier de police judiciaire. Lorsque ces derniers sont entrés dans l'appartement, ils ont trouvé le chef d'entreprise tranquillement attablé avec un ami. Les attendait-il ? On ne le saura jamais. Mais l'avocat d'Alexandre n'a pas mis beaucoup de temps à les rejoindre… L'huissier et le policier se sont alors vu opposer un refus catégorique d'Alexandre de quitter les lieux, assorti d'un tonitruant « J'y suis, j'y reste ». Même au bord du gouffre, il continue de se comporter en terrain conquis.

Dernier volet (connu) des activités d'Alexandre, qui lui vaudra une nouvelle mise en examen le 1er juillet : les marchés publics de photocopieurs de Salon-de-Provence (notamment). Il est soupçonné d'avoir trempé dans un marché présumé frauduleux impliquant la société de reprographie Prodotec, dirigée par l'un de ses proches, Sylvain Bennarouche, qu'il surnomme « la photocopieuse ». On l'a connu plus inspiré.

Voilà pour les différents décors de l'intrigue Guérini, qui se dévoilent nettement à travers les perquisitions réalisées par la gendarmerie au début du mois de mai, véritable cartographie du réseau d'Alexandre : le siège de la société 13 Habitat, les locaux de la société 13 Développement, le siège de la société Alba Sécurité, sans oublier, bien sûr, le conseil général, qui fera l'objet d'une nouvelle visite des gendarmes le 17 juin. Quant aux personnages clés de l'histoire, il suffit, là encore, de prendre la liste des auditions, mises en examen et interpellations qui ont eu lieu à la même époque : Rémy Bargès est mis en examen le 30 mai, puis entendu de nouveau par les gendarmes le 28 juin, Béatrix Billes, conseillère de Jean-Noël Guérini dont Vincent Potier dit qu'elle « a un rôle éminent dans les dossiers dit sensibles (décharge du Mentaure, terrains, déchets…) » est placée en garde à vue le 14 juin, Jean-François Noyes a été entendu par les gendarmes le 23 juin, Alexandre Guérini a été mis en examen le 1er juillet…

Plusieurs journaux ont tenté d'établir la facture totale pour le contribuable des agissements d'Alexandre. Vertigineuse, elle s'élèverait à plusieurs millions d'euros pour la seule CUM. Mais l'exercice est difficile, puisque l'ampleur des exactions n'est pas encore connue, chaque jour charriant son lot de nouvelles révélations. Aussi nébuleuse est la destination de cet argent, même si, sur ce terrain également, l'enquête a bien progressé au printemps 2011. C'est le deuxième « étage » du système Guérini.

Le mécanisme serait à mettre au compte du très imaginatif Patrick Boudemaghe. On présume qu'il fonctionne de la façon suivante : tout d'abord, un siphonage en règle de l'argent des collectivités publiques, à travers l'obtention de marchés, puis un système d'importantes surfacturations. C'est le premier « étage ». On a vu que le conseil général des Bouches-du-Rhône, plusieurs agglomérations du département, la CUM, mais aussi le conseil général de Haute-Corse avaient ainsi été mis à contribution. Ensuite, à travers des sociétés-écrans, l'argent détourné serait transféré dans des paradis fiscaux comme le Luxembourg ou l'État du Delaware, avant d'être blanchi par d'autres structures financières. Les sociétés de Patrick Boudemaghe, de son associé Damien Amoretti, d'Alexandre Guérini ainsi que de Bernard Barresi seraient autant de sources alimentant ce vaste dispositif international, dont la mise à jour aura nécessité plusieurs instructions.

Plusieurs révélations viennent nourrir ce scénario après les cantonales. Mi-mai, on apprend que plus de 13 millions ont été saisis sur des comptes luxembourgeois et suisses liés à différentes sociétés gérées par Alexandre. Une somme qui paraît colossale mais qui ne serait qu'une goutte d'eau dans l'océan de l'argent sale généré par les Dalton corso-marseillais : la justice remonterait également la piste de comptes en Espagne, en Angleterre, en Israël, en Asie du Sud-Est... Selon *La Provence*, le juge Duchaine aurait lancé des commissions rogatoires internationales au Luxembourg visant deux sociétés : Immo G Investissements et Sud Investissements. La première aurait servi à accueillir « des fonds publics détournés » sur la décharge de La Ciotat, la seconde des « fonds d'origine illicite » provenant de la décharge de la Vautubière à La Fare-Les-Oliviers. Deux décharges gérées par Alexandre, qui serait également l'heureux gestionnaire, avec sa compagne, d'une société baptisée Kawai Holding Inc, détentrice d'un compte à l'Israel Discount Bank grassement doté de plus de 5,8 millions d'euros, saisis également par la justice. En septembre 2010, quelques semaines avant son arrestation, Alexandre aurait tenté, en vain, de faire transférer ces fonds au Liban. Il existerait plusieurs autres comptes à l'Israel Discount Bank contrôlés par Alexandre, sa famille ou ses proches, notamment Sylvain Bennarouche, alias « la photocopieuse ». « La blanchisseuse » aurait peut-être été un surnom plus approprié… Quelques jours plus tard, on apprendra que la Suisse avait ouvert, en décembre, une procédure pénale pour blanchiment d'argent contre Alexandre Guérini.

Ces incroyables révélations printanières jettent une lumière nouvelle sur l'ensemble de l'affaire marseillaise. On comprend mieux, en effet, l'objectif du « système de pression féodal reposant sur l'intimidation et la peur » – pour reprendre l'expression d'Arnaud Montebourg – mis en place par Monsieur Frère au conseil général, à la CUM ainsi qu'à la fédération PS. L'enjeu financier est colossal, le réseau d'extorsion tentaculaire, les complicités et silences à acheter fort nombreux. Ils ont été payés en subventions publiques, logements sociaux, postes dans les collectivités… Tout est bon pour maintenir Jean-Noël à son poste de président de l'une des collectivités les plus favorables aux affaires de son frère et de ses amis. Le 28 avril, l'hebdomadaire *Le Point* indique que, selon un décompte effectué par les élus (destiné à la commission d'enquête d'Alain Richard), tous les postes clés de la fédération socialiste sont occupés par des salariés du conseil général, « de la trésorière aux secrétaires chargés des sections, des élections, du contrôle financier, et jusqu'au nouveau premier secrétaire fédéral, Jean-David Ciot », que Jean-Noël a désigné comme successeur. 49 des 86 membres du bureau fédéral du PS seraient rémunérés par le département ou compteraient un ou plusieurs parents qui le sont. Sur les 264 membres du conseil fédéral, 99 auraient un lien financier direct ou indirect avec le département.

J'ai cité précédemment Vincent Potier, ancien fonctionnaire du conseil général, parti travailler sous des cieux plus cléments. Aurais-je oublié de mentionner les raisons de son départ ? « Tous les recrutements de catégorie C provenaient de noms prescrits par le cabinet. Ensuite cela a concerné les catégories B et A. Après les élections municipales de 2008, j'ai posé mes conditions pour rester : que des collaborateurs ne soient plus imposés contre mon gré, que soit mis fin aux court-circuitages en provenance du cabinet et qu'on me redonne la main sur les outils extérieurs du CG. Jean-Noël Guérini n'a pas validé, j'ai pris soin de quitter mon poste. » Cela se passe de commentaire…

En prenant la mesure de l'enjeu financier d'une telle opération, on comprend mieux, également, la violence extraordinaire déployée par Alexandre envers les adversaires de son frère et de son réseau politique.

Car les menaces n'ont jamais cessé, bien au contraire. À la fin du mois de mai, maître Xavier Cachard, le sénateur-maire Bruno Gilles et moi-même sommes invités à la gendarmerie. Les agents ont reçu une lettre anonyme les informant que la bande d'Alexandre était en train de monter une opération contre nous. Nos photos, à tous les trois, circulaient depuis quelque temps dans les milieux les moins recommandables. Celle de maître Cachard, qui a plutôt tendance à fuir les photographes, avait apparemment donné du fil à retordre aux voyous : ils avaient dû faire un arrêt sur image de l'un des rares reportages où l'avocat était intervenu pour s'exprimer sur l'affaire. Nous ne sommes pas plus surpris que ça, nous nous doutions bien qu'il se préparait quelque chose. Depuis quelques semaines, nous avions été informés que des amis d'Alexandre faisaient le tour des quartiers sensibles pour monter leurs habitants contre nous de la façon la plus vile. Ils effaçaient une à une toutes leurs promesses, en nous désignant comme responsables, le tout sur un air faussement apitoyé : « Tu sais, à cause de toute cette histoire, ta subvention va sans doute être coupée… » Ou pire : « Ta mère va peut-être devoir rendre l'appartement HLM… » Ils ont joué avec la vie de ces gens pendant des années pour couvrir leurs turpitudes et aujourd'hui ils s'en servent comme bombes humaines pour nous les faire exploser à la figure. Il n'y a pas de mots pour qualifier un tel comportement. Comme il n'y a pas de mots pour qualifier l'opération d'intimidation menée chez Bruno Gilles à cette même époque : des individus avaient jeté des bouteilles d'acide ouvertes dans le jardin de sa maison, là où jouent ses enfants. Ceux qui ont fait ça sont des monstres, tout simplement.

Nous nous sommes longtemps demandé si les menaces verbales étaient de la pure intimidation ou si ces brutes étaient vraiment capables de passer à l'acte. Les gendarmes ont, aujourd'hui, un avis bien arrêté. En sortant de la gendarmerie, nous discutons longuement, tous les trois. Nous avons l'impression de basculer dans une autre dimension. Nous pensons à nos familles, à nos proches. Maître Cachard rit jaune, pour exorciser notre peur : « Ce n'est plus Naples, c'est la Colombie ! » Mais nous décidons de ne rien dire. Tout le système d'Alexandre repose sur la terreur. Si nous commençons à affoler la population avec ces histoires, plus personne n'osera ouvrir la bouche.

Peu de temps après, un de mes amis me rapporte une conversation entre deux magistrats à la cour d'appel d'Aix-en-Provence. Il y avait surpris cette phrase : « Muselier, ils s'en débarrasseront après. » Ouf ! Un peu de répit..

Chapitre 9

LES AMNÉSIQUES ET LES TYRANS

Les amateurs de patrimoine marseillais connaissent peut-être cette anecdote cocasse relative au bâtiment du Palais de la Bourse, inauguré par Napoléon III en 1860. Sur son fronton, le sculpteur Armand Toussaint avait représenté une allégorie de l'Océan et de la Méditerranée, sous les traits d'un homme et d'une femme en tenue d'Adam et Ève. Plusieurs esprits chastes s'offusquèrent d'une telle impudeur exposée à tous les passants. Parmi eux, un certain Bruno Pechier, membre de la compagnie consulaire. Sébastien Berteaut, un secrétaire archiviste de la Chambre et poète à ses heures perdues, lui adressa, par voie de presse, cet épigramme[1] :

1. Éléonore van den Bogart et Jean-Pierre Cassely, *Marseille insolite et secrète*, Jonglez, 2009.

« Sur le front du Palais, un de nos magistrats,
Pour voiler ces objets qui manquent aux castrats
D'une feuille de vigne invoque la ressource.
Souffre, chaste Pechier, ce détail corporel ;
Le public marseillais trouve tout naturel
Que l'on montre des bourses au Palais de la Bourse. »

Ce petit poème me revient à l'esprit à chaque fois que je me rappelle que Jean-Noël Guérini habite… rue des Tyrans ! Un de mes amis, également poète à ses heures perdues, à qui j'avais raconté l'histoire du Palais de la Bourse, s'est fendu de ce pastiche, fort à propos :

« Sur le front du PS, la première secrétaire,
Pour voiler une affaire qui nuirait aux primaires
D'une commission d'enquête invoque le truchement.
Souffre, chaste Martine, la vérité haïe :
Le parti socialiste goûte peu l'ironie
D'abriter un tyran dans la rue des Tyrans ! »

Un tyran, Jean-Noël ? N'allons pas aussi loin. Mais, au milieu de l'année 2011, coïncidence des événements oblige, alors que les ténors du parti socialiste applaudissent à tout rompre les peuples arabes qui se libèrent du joug de régimes oppresseurs, alors qu'ils ne trouvent pas de mots assez durs pour qualifier les ministres et hommes publics français de droite qui se sont compromis, d'une façon ou d'une autre, avec les anciens dictateurs, ces derniers restent sans voix dès qu'il s'agit de dénoncer un petit chef qui sévit dans leurs propres rangs. D'ailleurs, rares ont été ceux qui ont noté que le Rassemblement constitutionnel démocratique (RCD), le parti de Ben Ali pointait jusqu'en janvier 2011... à l'Internationale socialiste, aux côtés du PS français ! Tout comme le parti d'Hosni Moubarak. Tandis que le Parti socialiste français s'égosille pour réclamer la tête de Michèle Alliot-Marie, nul ne semble se souvenir du voyage effectué en novembre 2009 par Jean-Noël Guérini à Tunis, invité d'honneur du XXIe symposium international du RCD. Selon *La Provence*, il y aurait même été accueilli en véritable « chef d'État » ! Je n'ai pas assisté à cette réception qui a sans doute été grandiose, mais je peux deviner que le « chef d'État » de Marseille, en bon invité, n'aura pas traité ses hôtes de « dictateurs ». Cela aurait sans doute gâché la fête... Les résistants de la 25e heure sont ceux qui, au lendemain de la victoire, ont la volonté de revanche la plus spectaculaire et impitoyable.

Et c'est donc avec un aplomb d'amnésique que fin mai 2011, à la Halle Freyssinet, devant un PS réuni pour sa dernière convention avant les primaires, Martine Aubry ose donner des leçons de démocratie au gouvernement : « La France a récemment manqué les rendez-vous de l'Histoire » ; et de rappeler son soutien aux animateurs du printemps arabe. « Notre ligne est claire : nous devons être aux côtés de ceux qui se battent pour les libertés. » Les militants PS marseillais qui sortent du bois pour se plaindre des pressions insupportables exercées par le clan Guérini seront heureux de l'apprendre. Le spectacle de cette détestable tentative de récupération de mouvements si courageux par un parti qui se montre aussi frileux me soulève le cœur. Martine Aubry dénonçant en public les dictatures et les injustices partout où elles s'exercent a pour moi autant de poids et de crédibilité qu'une candidate Miss France déclarant militer pour la paix dans le monde après avoir poussé une rivale dans les escaliers.

Loin de moi l'idée de comparer la situation marseillaise à la situation du peuple arabe. Le sens des proportions et, tout simplement, la décence l'interdisent. Devant cet extraordinaire élan populaire dont l'issue reste, à ce jour, encore incertaine, devant ces hommes et ces femmes qui n'ont pas hésité à verser leur sang pour retrouver leur liberté et leur dignité, l'humilité doit s'imposer. Reconnaissons-le simplement : ce mouvement a pris l'immense majorité des responsables français par surprise, gauche et droite confondues.

Toute instrumentalisation à des fins de règlements de comptes politiciens à l'échelle nationale me paraît totalement déplacée, voire obscène.

Car l'affaire Guérini, à l'heure où j'écris ces lignes, a bel et bien eu droit, de la part du PS français, à un enterrement de première classe. Et ce, au moment même où la presse en révélait toute l'ampleur et la gravité. Début juin, alors que *Le Point* consacre une Une coup de poing aux frères terribles : « Affaire Guérini, le spectre de la pègre », on apprend que Martine Aubry a reçu Alain Richard pour discuter des conclusions du rapport de la commission d'enquête interne qui doit être remis au bureau national le 28 juin. Si l'on en croit la presse, l'exercice s'est apparenté à un véritable coup de rabot sur tout ce qui pourrait gêner le parti et sa première secrétaire à quelques semaines d'échéances importantes.

Difficile pour cette dernière d'édulcorer le diagnostic, déjà connu de tous : adhésions monnayées en échange d'avantages en nature (postes dans les collectivités, logements sociaux, subventions...), militants n'habitant pas dans les sections où ils pointent, sections « hors sol » c'est-à-dire sans territoire géographique clair, votes truqués, pressions exercées sur les sections les moins dociles, bref, mise au pas forcée du militantisme au service d'un seul homme... Prenant la suite de François Hollande, la consigne de Martine Aubry est claire : traitons la gangrène par de l'aspirine, en espérant que la presse et les militants se laisseront berner par la douceur du remède et oublieront la profondeur du mal. L'idée d'une mise sous tutelle de la fédération, préconisée par Arnaud Montebourg, est fermement écartée. Certains commissaires proposaient la création d'un collège dirigé par un « sage » parisien ? La proposition est également déclinée. Martine Aubry a tranché : la commission accouchera… d'une commission. Plus précisément d'une « commission de rénovation départementale » conduite par Jean-David Ciot, poulain de Jean-Noël. Tout ça pour ça.

La moindre des choses, quand votre première secrétaire vous fait le cadeau de faire passer vos énormes écarts de conduite pour de petites sorties de route, c'est de vous faire gentiment oublier. Mais, pour paraphraser Audiard, faut pas prendre les canards sauvages du PS marseillais pour des enfants du bon Dieu ! Alors qu'au bureau national, on s'efforce d'étouffer l'incendie par tous les moyens, à Marseille, les déclarations fusent, avec plus ou moins de bonheur.

Si la palme de la défense maladroite et de la mauvaise foi était revenue en 2010, haut la main, à Alexandre Guérini, avec sa déclaration dans le *Nouvel Observateur* : « Je vis simplement », l'année 2011 s'annonce autrement plus serrée. On croyait jusqu'ici Eugène Caselli indétrônable avec son désormais fameux « la garde à vue, ça fait partie du job ». Rémy Bargès le talonnait toutefois de très près avec son savoureux : « Il y avait un certain nombre d'informations à caractère politique sur ces ordinateurs, notamment des notes sur les subventions d'associations. » Mais *Libération* du 18 juin apporte deux nouveaux sérieux compétiteurs. Sur l'air du « C'est pas nous, c'est Gaston », Jean-David Ciot fait une belle échappée en tête en défendant ainsi la probité de l'actuel président du conseil général : « Depuis une dizaine d'années, nos pratiques se sont nettement améliorées. Mais il ne faut pas perdre de vue que la plupart des responsables en place sont des enfants de Gaston Defferre. Ce système, ce n'est pas Jean-Noël qui l'a inventé. Il le tient de Gaston. » On lui aurait accordé la palme immédiatement si Patrick Mennucci, piqué au vif dans sa loyauté defferriste, ne lui avait pas rétorqué, dans les mêmes colonnes : « Sous Gaston, nous avions un système clientéliste partagé. Il y avait des logements, des emplois et des subventions dont les élus se partageaient la distribution. Ce n'est peut-être pas bien, mais au moins c'était collectif. Jean-Noël Guérini et son frère Alexandre ont fait remonter tout cela au niveau du cabinet du conseil général et le clientélisme est devenu très concentré. » Mennucci met tout le monde d'accord. « On était malhonnêtes, mais au moins on était malhonnêtes ensemble » : il fallait oser ! Du pur Audiard, vous dis-je.

Au milieu de cette joyeuse cacophonie, seul Jean-Noël semble avoir choisi de rester discret – du moins en attendant les conclusions définitives du rapport d'Alain Richard. Après avoir traîné Arnaud Montebourg devant la justice pour diffamation, il s'arrête sur les marches du tribunal et décide de repousser le procès. Volonté de se faire oublier alors que son frère et plusieurs de ses plus proches collaborateurs sont mis en examen ? Peur de voir la justice faire preuve de moins d'indulgence que Martine Aubry ? Réponse à la rentrée.

Mais chassez le naturel, il revient au galop. Le 5 juillet, le Bureau national du PS adopte par 26 voix sur 27 le rapport de la commission d'enquête sur le fonctionnement de la fédération des Bouches-du-Rhône et noie, comme prévu, l'ensemble de l'affaire dans l'eau tiède d'une commission de rénovation. Dès le lendemain, Jean-Noël remonte à la tribune, expliquant qu'il compte bien jouer un rôle « très actif » dans la campagne de la primaire. « Ils vont voir si je suis populaire ! », prévient-il. Pour le président du conseil général, c'est Noël et son anniversaire en même temps : « Je suis content, je suis même très content », jubile-t-il devant les journalistes, à qui il fait comprendre qu'il annoncera prochainement son soutien à Martine Aubry pour les primaires socialistes. Ce boulet, fabriqué par François Hollande, la première secrétaire se le sera attaché elle-même aux pieds.

En face, nous assistons, incrédules, à cette comédie de réconciliation, qui nous laisse tous extrêmement perplexes. Que des responsables politiques choisissent délibérément l'aveuglement voire le cynisme à court terme pour préserver un objectif plus important à long terme, cela ne date pas d'hier. On réduit souvent la pensée de Machiavel à l'idée que la fin justifie les moyens. Mais le philosophe était en réalité bien plus subtil et les socialistes auraient été bien inspirés de relire son œuvre, pour y trouver le conseil suivant : « On ne doit jamais laisser se produire un désordre pour éviter une guerre ; car on ne l'évite jamais, on la retarde à son désavantage. »

Martine Aubry a étouffé l'affaire dans la perspective des primaires. Tout le monde l'a bien compris – la manœuvre était suffisamment grossière. Mais comment peut-elle croire qu'elle ne va pas revenir comme un boomerang pendant la campagne présidentielle ? Ne lit-elle *vraiment* pas la presse ? Ne voit-elle pas l'étau de la justice se resserrer inéluctablement sur celui que tout le monde considère désormais – à juste titre – comme son protégé ?

À la figure de qui la bombe Guérini explosera-t-elle ? Nul doute que, lorsque la justice aura accompli son œuvre et sanctionné les malversations commises ou permises, les soutiens de Jean-Noël se rejetteront mutuellement la faute. Cela me fait penser à cette pratique « éducative » plutôt perverse mise en place dans la seconde moitié du XIXe siècle dans les écoles provençales pour corriger les minots qui parlaient encore le patois. On l'appelait le « signal ». C'était une boule en bois que l'instituteur remettait à tout élève pris à parler un dialecte local. Celui qui avait le signal à la fin du cours étant puni, chacun s'évertuait à le repasser à son voisin, quitte à le dénoncer. La résolution judiciaire de l'affaire Guérini, que je pense inéluctable, devrait ainsi donner lieu à des sommets de trahison et de mauvaise foi chez les dirigeants socialistes. Espérons que les journalistes sauront, à ce moment-là, leur rappeler combien ils ont su être unis dans le déni.

Car le silence des autres ténors du parti est tout aussi incompréhensible. L'affaire Guérini était l'occasion pour eux de se démarquer sur un terrain plutôt valorisant, celui de l'honnêteté – Arnaud Montebourg l'a bien compris. Pourquoi une telle timidité ? Que craignent-ils ? J'ai eu l'occasion de croiser plusieurs fois, depuis le début de la tempête, François Hollande dans les couloirs de l'Assemblée. Quand je le pressais d'adopter une position ferme face au scandale qui secouait Marseille, il me répondait, invariablement : « Bien sûr que je suis au courant. Je vais réagir, ne t'inquiète pas. » On l'attend encore… Il est vrai que le système Guérini a prospéré tranquillement pendant les onze années où il a dirigé le parti socialiste. S'indigner maintenant reviendrait à se désavouer lui-même en tant qu'ancien premier secrétaire. Alors, comme Martine Aubry, il amortit les chocs. En voyant Arnaud Montebourg, Manuel Valls (plus timidement, il est vrai) ou encore, à Marseille, le collectif Renouveau 13 monter seuls au front contre les pratiques anti-démocratiques de leur parti, cela me conforte dans ma conviction qu'il y a un vrai problème générationnel au PS. La droite a accompli sa mue depuis longtemps. L'affaire Guérini, elle, a révélé des pratiques d'un autre âge, auxquelles le parti socialiste a apporté une réponse plus archaïque encore. À l'ère des nouvelles technologies de communication, on ne peut plus espérer cacher la poussière sous le tapis. Finie, la politique de papa. Finis, les petits arrangements, les petites compromissions en coulisse. Le succès phénoménal du *Petit Journal*, qui fourre ses micros dans tous les replis de la vie politique et fait exploser les stratégies de communication les plus rôdées, le montre bien : les électeurs veulent connaître l'envers du décor. Il n'y a plus de place pour les amnésiques volontaires lorsque

Yann Barthès agite, à une heure de grande écoute, son placard à archives. Faut-il y voir, comme certains, une insupportable dictature de la transparence ? J'y vois plutôt le signe très encourageant d'un réveil citoyen. Je le dis avec d'autant plus de sincérité que j'ai moi-même été raillé par le *Petit Journal* pendant un déplacement de Nicolas Sarkozy à Marseille ! Ce sont les nouvelles règles du jeu, auxquelles les éléphants du PS, la génération éclose sous Mitterrand, n'ont clairement pas su s'adapter.

Les mêmes recettes depuis 30 ans, voilà ce que proposent ceux que *The Economist* présente, dans un article au vitriol paru fin août 2011, comme les « dinosaures » du Parti socialiste français, « figés dans le temps, autour de 1981 ». Seul Manuel Valls est sauvé par le magazine britannique, qui prédit que « le jour où les paléo-socialistes de la génération Mitterrand permettront à de tels personnages d'émerger, ce sera l'aube d'une vraie révolution. » Ce temps-là ne semble pas encore venu… Cet article m'a rappelé le débat particulièrement houleux qui avait agité l'Assemblée au moment du vote des 35 heures, en janvier 1998. Martine Aubry, en fière Marianne de la France d'avant-hier, avait situé sa réforme dans la droite ligne de l'histoire sociale française, avec de nombreuses références aux années 1930 et au Front populaire. Je m'étais d'ailleurs permis de lui suggérer de pousser un peu plus avant sa lecture des manuels d'Histoire, et de s'intéresser aux chapitres traitant de la décennie suivante. Elle y aurait appris que le 13 août 1940, M. le maréchal de France avait décrété une loi qui organisait – déjà ! – la répartition du travail disponible entre le plus grand nombre possible de travailleurs, grâce à la limitation de la durée du travail… Passons sur le fait que les bancs socialistes n'ont pas souhaité retenir la figure du Maréchal dans leur Panthéon de généreux visionnaires, et l'ont fait bruyamment savoir. La gauche a l'anachronisme sélectif… Et les socialistes de voter comme un seul homme, derrière leur premier secrétaire François Hollande, cette loi inspirée par une idée vieille de plus d'un demi-siècle, qui a échoué toujours et partout, et qu'aucun autre pays ne nous envie – à juste titre. Comme ils voteront demain, si par malheur ils arrivent au pouvoir, le retour à la retraite à 60 ans. Faisant une nouvelle fois l'impasse sur ces cinquante dernières années qui nous ont vus gagner plus de dix ans d'espérance de vie…

Pour moi, François Hollande, comme Martine Aubry, appartiennent au passé. À travers leur traitement de l'affaire Guérini, ils ont fini de se disqualifier. Ils ont trahi les valeurs mêmes qu'ils prétendent incarner, englués dans des calculs politiciens de bas étage, dont absolument personne n'est dupe. Je prends le pari qu'ils le paieront dans un avenir très proche.

Les entendre dénigrer la « carrure présidentielle » de Nicolas Sarkozy me fait sourire. La première valeur d'un chef d'État, selon moi, c'est le courage. Courage de faire passer des réformes nécessaires pour l'avenir. Courage, parfois, de se rendre impopulaire et, même, de reconnaître ses erreurs. Une qualité qui manque cruellement aux candidats du PS, Montebourg et Valls mis à part.

Cela fait longtemps que je connais notre président. Je l'avais rencontré à l'époque où il avait pris la tête des jeunes du RPR. Son numéro deux était – déjà – Brice Hortefeux. Ils m'avaient demandé d'être le numéro trois. Le courant est passé tout de suite et nous sommes toujours restés très liés, même lorsqu'ils ont choisi de soutenir Balladur face à Chirac. Nous nous sommes éloignés, bien entendu, mais nous ne nous sommes jamais affrontés. Cela m'a d'ailleurs, à l'époque, créé quelques problèmes avec les chiraquiens !

Une anecdote pour mieux cerner le personnage, tel que je le connais et tel que je l'admire. Un jour que nous attendions d'assister au conseil des ministres – j'étais au Quai d'Orsay et Nicolas Sarkozy au ministère de l'Intérieur –, nous nous sommes retrouvés à discuter avec Jean-Louis

Borloo, alors ministre de la Ville et Hubert Falco, secrétaire d'État chargé des personnes âgées. Sarkozy avait fait une sortie plutôt désagréable contre Chirac la veille et je lui ai demandé pourquoi il avait été aussi virulent. Il nous a regardés, Jean-Louis, Hubert et moi, comme si nous étions trois gentils Martiens fraîchement débarqués sur Terre : « Vous n'avez pas compris qu'on n'est pas de la caste ? Qu'on n'est pas des énarques ? Qu'on n'est jamais que des bâtards, tous les trois ? Comment tu t'es fait, Renaud ? Tout seul. Comment tu t'es fait, Jean-Louis ? Tout seul. Et toi Hubert ? Tout seul. Ce qu'on a aujourd'hui, on n'en a jamais hérité. On a travaillé dur, on est allés le prendre. On doit se battre. » Sarko, Borloo, Falco, Muso : si les Corses en « a » sont là pour régler les problèmes des Corses en « i », les politiques en « o » sont là pour alléger le poids de l'énarchie en France !

Il avait raison, bien sûr. C'est sans doute ce qui fait que nous nous sommes toujours compris, ce sentiment d'être un peu hors norme dans le paysage politique français, où l'on élève des hommes d'État à l'école, cette « illégitimité », selon certains, qui n'est, selon moi, que l'expression d'un engagement sincère et désintéressé. Nous avons choisi de nous mettre au service de nos concitoyens non pas comme on choisit d'épouser une carrière, mais bien pour défendre nos convictions. C'est notre vraie liberté. À partir de là, tout est dit. J'ai un métier, je n'ai pas besoin d'un poste de ministre pour vivre ni pour exister. En 2010, au moment du remaniement ministériel, j'ai d'ailleurs décliné la proposition du président de la République, qui souhaitait me voir entrer au gouvernement. Je n'avais pas de suppléant, à l'époque.

Jean-Louis Borloo est, lui aussi, fait du même bois. C'est un homme d'une rare intelligence, drôle, jamais prétentieux et malin comme un singe. Il est de ces esprits débrouillards que j'aime beaucoup. Je me suis toujours bien entendu avec lui également. Nous avions beaucoup travaillé ensemble quand il était ministre de la Ville. Nous avions des approches très similaires de la question des cités. Le fait qu'il quitte l'UMP n'a pas entaché notre amitié, même si son départ me chagrine. Je trouve parfaitement naturel qu'il y ait des débats animés, des courants de pensées divers au sein d'un même mouvement. Mais je crois avant tout au rassemblement. Je crois à l'unité. Je n'aime pas les aventures qui ne sont pas collectives. Plusieurs dizaines d'années plus tard, la leçon de Maurice Toga – l'union coûte que coûte – n'a rien perdu de sa vérité. Jean-Louis Borloo a finalement annoncé qu'il ne se présenterait pas à la présidentielle. Cela ne m'a pas surpris. Je n'ai jamais voulu ni pu imaginer qu'il joue contre sa famille naturelle.

C'est pour cette raison que l'attitude de Dominique de Villepin me paraît totalement incompréhensible. J'ai dit mon admiration pour cet homme auprès duquel j'ai vécu des moments extraordinaires au Quai d'Orsay. Ce fut un grand ministre des Affaires étrangères, plein de conviction et de panache. Il a porté haut les valeurs de la France et prononcé des discours qui ont fait date dans l'Histoire internationale. Mais il ne connaît pas les Français. Il ne sait pas ce qu'est une élection. Il n'a pas la connaissance du terrain. Son côté chevaleresque séduit, mais c'est un chevalier errant, sans parti, sans famille. Je me souviens d'une visite qu'il m'avait faite à Marseille, il y a quelques années. J'avais été frappé de voir qu'il ne savait pas serrer les mains. Cela peut paraître superficiel mais ça ne l'est pas : serrer la main d'un concitoyen, c'est lui accorder de la considération. C'est un moment d'échange, de respect, un contact, un regard, un mot, en fait une alchimie éphémère mais forte et indispensable. Dominique me donnait l'impression de flotter parmi la foule. Le voir aujourd'hui convoquer des journalistes pour être pris en photo alors qu'il visite des fermes ou des usines me fait sourire. Même s'il a l'air plus à l'aise que Balladur découvrant le métro parisien, ça ne fait pas et ça ne fera jamais un programme.

N'est pas président de la République qui veut.

Chapitre 10

LA GUERRE DES ROSES

L'atmosphère est lourde en cette rentrée 2011. Pendant tout le mois d'août, le bruit a couru d'une mise en examen imminente de Jean-Noël Guérini. En rentrant de vacances, le président du conseil général tente de désamorcer la bombe en jouant cartes sur table avec ses troupes. Il convoque tous les élus du département le 2 septembre et leur remet une photocopie de sa convocation pour « première comparution » au tribunal de Marseille, le 8 septembre. Les chefs d'inculpation sont gravissimes : « complicité d'obstacle à la manifestation de la vérité », « prise illégale d'intérêts », « trafic d'influence », mais surtout « association de malfaiteurs en vue du trafic d'influence »... Jean-Noël les conteste un par un, assurant « qu'il n'y a dans ce dossier que du pipi d'alouette », qu'il est innocent de tout ce dont on l'accuse. Plus loin, il assure que le juge Duchaine a été contraint d'agir ainsi par le procureur de la République, qui tirerait ses ordres… de votre serviteur ! Ces super pouvoirs que les frères Guérini s'obstinent à m'attribuer pourraient être flatteurs, s'ils n'étaient aussi grotesques.

Mais c'est pour son propre camp que Jean-Noël réserve ses meilleures cartouches. Devant la rumeur persistante de la mise en examen de l'ancien patron de la fédération PS des Bouches-du-Rhône, les rangs de ses soutiens nationaux se sont en effet considérablement clairsemés. Fin août, le tout nouveau premier secrétaire du PS par intérim, Harlem Désir, a même osé ce qu'aucun premier secrétaire n'avait osé avant lui : demander la démission de Jean-Noël en cas de mise en examen. En voyant la réaction de l'intéressé, on comprend pourquoi ses prédécesseurs s'étaient abstenus ! Jean-Noël n'a pas hésité à sortir l'artillerie lourde : Harlem Désir tient à s'ériger en « professeur de morale » ? Rabaissé au niveau de « toute petite personne », il se voit rappeler que mise en examen ne vaut pas condamnation – il aurait d'ailleurs dû le savoir, lui qui a été condamné en décembre 1998 à 18 mois de prison avec sursis et 30 000 francs d'amende pour avoir perçu des salaires fictifs d'une association lilloise… La messe est dite. Jean-Noël ne sera pas un « bouc émissaire ». Il ne se laissera pas poignarder dans le dos par des membres de son propre camp. Du moins pas sans les entraîner dans sa chute. Le 2 septembre, il prévient qu'il a préparé, avec ses avocats, une liste de 56 noms d'élus PS qui ont été mis en examen sans être contraints à la démission. Attention, Jean-Noël dégoupille… *Le Monde* cite un participant de la réunion, qui a ce mot très juste : « Il se kadhafise. » Le conseil général prend des allures de camp retranché. En s'accrochant à son fauteuil, Jean-Noël ne nuit pas seulement à sa défense, il nuit aussi à sa ville, il nuit à son parti et à ses soutiens. On dirait presque qu'il prend goût à ce jeu de massacre.

Dès lors, au PS, tandis que Harlem Désir ramasse ses sourcils carbonisés, les autres ténors se contorsionnent pour éviter le lance-flamme. À l'exception d'Arnaud Montebourg qui goûte enfin aux fruits de son courage, c'est un véritable concours de litotes rue de Solférino. Martine Aubry le remporte haut la main avec cette déclaration : « Si des faits délictueux sont reprochés à Guérini, je ne serai pas la dernière à m'exprimer. » Ce qui est sûr, c'est qu'elle n'a pas non plus été la première… Pour l'heure, elle se contente de regretter que le problème n'ait pas été résolu « plus tôt ». Comprenez : sous l'ère Hollande, qui a laissé prospérer le système en toute tranquillité. Si, au sein de son propre parti, Jean-Noël joue les terroristes, il offre un tout autre visage aux journalistes qui veulent lui tirer le portrait, cultivant soigneusement son image de minot des quartiers populaires grandi à la force du poignet. Les anecdotes sont plus touchantes les unes que les autres. On apprend ainsi que le « Petit Chose » aurait été nourri, bébé, au « lait d'ânesse », « parce qu'il était trop chétif ». « À la maison, il n'y avait pas de viande dans la soupe », etc. Si Jean-Noël s'attarde ainsi sur son enfance, c'est sans doute pour masquer l'amenuisement des arguments de sa défense : au début de l'enquête, le président du conseil général et son frère se présentaient comme deux innocentes victimes d'un complot ourdi par la droite. Puis, une fois Alexandre en prison, Jean-Noël était devenu le dommage collatéral d'un scandale auquel il était pourtant totalement étranger (« lui c'est lui et moi, c'est moi »). C'était le fameux « délit de patronyme », la « présomption de culpabilité ». Enfin, à quelques jours de son audition par les gendarmes, ses avocats finissent par se retrancher derrière le fait qu'il n'y avait pas eu d'enrichissement personnel (même s'il y a apparemment eu enrichissement familial). En deux ans, la toge de probité dans laquelle le président du conseil général se drapait pour masquer sa culpabilité s'est réduite à une feuille de vigne… Si nous étions dans une fiction d'Audiard, la suite de la défense aurait pu être : « Au moins, il n'a jamais tué personne. » Et le lendemain : « Du moins, jamais de ses propres mains ! »

Le 8 septembre, les gesticulations, menaces et gémissements de Jean-Noël viennent se heurter au mur impassible de la justice : il est officiellement mis en examen. Il décide de se mettre en congé du PS et cède ses responsabilités à la fédération à son bras droit Jean-David Ciot. Mais pas question de renoncer au conseil général. « Qui peut me faire démissionner aujourd'hui ? Personne », fanfaronne-t-il encore. Il délègue « temporairement » ses prérogatives à son premier vice-président, Daniel Conte, 78 ans, maire de la petite commune de Mallemort, 5000 habitants… Faisant montre, une nouvelle fois, de son grand respect pour la démocratie : depuis quand un président de département peut-il être désigné par un seul homme et non par ses pairs ?

Cependant, malgré ses déclarations péremptoires, Jean-Noël sent bien que son monde est en train de s'écrouler. Le 9 septembre, il serait allé, avec ses plus proches collaborateurs, à Notre-Dame de la Garde, pour prier la bonne mère, « afin que justice et paix » lui soient rendues. A-t-il pensé à garder un cierge pour Sainte Rita, patronne des causes désespérées ?

Au PS, les réactions ne se font pas attendre. Seul Arnaud Montebourg propose aux conseillers généraux socialistes des Bouches-du-Rhône de voter une motion de destitution de leur président. Les éléphants demandent sa démission, mais du bout des lèvres. François Hollande félicite Jean-Noël pour sa demi-décision, comme on féliciterait un enfant qui aurait arrêté de sucer son pouce mais continuerait de s'accrocher à son doudou : « C'est très bien, c'est déjà un premier pas », déclare-t-il à l'AFP. « La bonne décision, et il n'est pas loin de la prendre, c'est de se mettre en congé de ses responsabilités socialistes et de la présidence du conseil général. S'il le fait, il aura bien réagi. » Et s'il ne le fait pas ? Le loup le mangera ? Mais, cette fois encore, c'est Martine Aubry qui remporte la palme du déni le plus grotesque, avec une prestation époustouflante de mauvaise foi sur le plateau de BFM TV. En duplex depuis Berlin, interrogée par les journalistes Olivier Mazerolle et Alain Marschall sur l'affaire Guérini, elle commence par répondre : « Je ne connais pas ce dossier, comme je le dis depuis maintenant des mois, qui est un dossier personnel. » Incorrigibles journalistes, qui continuent de l'embêter sur ce sujet alors qu'elle a toujours dit qu'elle n'avait pas reçu le rapport d'Arnaud Montebourg, puis qu'elle le lui avait renvoyé sans le lire. Défense imparable. Aussi, lorsque les entêtés interviewers reviennent à la charge après sa première réponse plutôt tiède, Martine Aubry tourne tout bonnement les talons et s'en va ! Laissant les deux journalistes éberlués par cette sortie très cavalière. Après ses problèmes avec la Poste, il semble que l'ancienne première secrétaire ait eu quelques soucis avec son oreillette… Du moins c'est ainsi que son équipe tentera péniblement, par la suite, de justifier sa soudaine disparition.

Rien de nouveau, donc, sous le soleil socialiste, où, à de très rares exceptions près, chacun persiste dans l'aveuglement, la minimisation ou le déni pur et simple. Dans un tel climat, il n'est pas étonnant qu'aucun ténor du PS n'ait daigné se déplacer à la Fête de la Rose qui réunissait le 10 septembre à Berre-L'Étang la fédération des Bouches-du-Rhône. C'est Jean-Noël Guérini lui-même qui avait souhaité organiser de nouveau ce rassemblement traditionnel, qui ne s'était pas tenu depuis 20 ans. Même si son nom était sur toutes les lèvres, il en fut le grand absent. Le second grand absent était un autre sénateur, le maire PS de Berre-L'Étang, Serge Andréoni, convoqué lui aussi par la justice au sujet de l'affaire Guérini. La veille, l'un de ses adjoints avait été mis en examen et écroué pour blanchiment. Si l'on ajoute à cela la condamnation, le

7 septembre, de Bernard Granié, président socialiste du SAN – Syndicat d'agglomération nouvelle – Ouest Provence et adjoint au maire de Fos, à deux ans de prison ferme, 100 000 euros d'amende et 5 ans d'inéligibilité par la cour d'appel d'Aix pour favoritisme et corruption, on imagine bien que l'ambiance, au grand raout du PS local, n'était pas des plus riantes. À la fête de la rose à Berre-l'Étang, les effluves étaient tout sauf floraux…

Le rouleau compresseur de la justice est en marche, qui sait quelles nouvelles complicités il mettra au jour dans les prochains mois ? Il est intéressant de noter, en effet, que, parmi les charges retenues à l'encontre de Jean-Noël Guérini figure celle, extrêmement grave, « d'association de malfaiteurs ». Deux remarques s'imposent : la première, c'est que ce chef d'accusation est exceptionnel, concernant un élu de la République. La seconde, c'est que, à l'heure où j'écris ces lignes, Jean-Noël est le seul à être mis en cause à ce titre. Or, qui dit « association de malfaiteurs » dit, nécessairement, plusieurs malfaiteurs associés ! Quelles seront les prochaines personnalités inquiétées ?

Peu après sa mise en examen, on apprend que Jean-Noël a été, contre toute attente, plutôt disert dans le bureau des juges… Pour la première fois depuis le début de l'enquête, il ne se contente plus de prendre ses distances avec son frère, mais il condamne clairement son comportement. Après « Moi c'est moi et lui, c'est lui », vient le temps du « C'est pas moi, c'est lui » ! Il « condamne », donc, ses « fantaisies téléphoniques » et son « comportement intrusif » à la collectivité. Alexandre n'est pas le seul à être lâché par son frère : Jean-Noël prend aussi deux de ses plus proches collaborateurs comme boucliers humains : son directeur de cabinet Rémy Bargès et sa conseillère spéciale Béatrix Billes. Souvenez-vous : le premier, le Houdini du conseil général, est soupçonné d'avoir détruit des ordinateurs avant une perquisition des gendarmes. Jean-Noël nie lui avoir donné un quelconque ordre en ce sens, assurant qu'il ne s'occupe pas des « problèmes de logistique » ! Autre agneau sacrifié sur l'autel de Jean-Noël : Béatrix Billes, qui serait seule responsable du « détail des subventions », autre domaine qui n'est pas du niveau du président du conseil général…

Quelques heures plus tôt, nous apprend *Le Canard enchaîné*, le maire adjoint PS de Berre-l'Étang Raymond Bartolini et l'architecte Bruno Miranda avaient eux aussi désigné Alexandre Guérini comme « le passage obligé » pour les marchés de certaines collectivités. Les deux racontent également « comment ils ont truqué des marchés publics au profit de la société ABT, dirigée par un certain Patrick Boudemaghe, lié au grand banditisme et à... Alexandre Guérini. » Surfacturations, valises d'argent liquide qui transitent au Luxembourg, puces téléphoniques détruites, la série noire continue... Avec son suspense, ses rebondissements et même... ses revenants ! Le 16 septembre, Jean-Marc Nabitz, ancien directeur de 13 Développement, proche collaborateur de Jean-Noël Guérini au conseil général, rentre d'Israël, où il s'était réfugié lorsque les flammes du scandale ont commencé à lécher les orteils de son président. Après son exil, il aurait essayé de transférer en Israël 1,1 million d'euros d'un compte en Suisse, mais la justice helvète avait réussi à le court-circuiter. Il est mis en examen pour « blanchiment en bande organisée, corruption passive par personne exerçant des fonctions publiques, association de malfaiteurs en vue de la corruption et association de malfaiteurs en vue du blanchiment en bande organisée ». Voilà donc un deuxième présumé « malfaiteur associé », une autre personnalité clé de l'affaire, qui serait même surnommée « le cerveau ». *The brain* était en effet au centre du puzzle : au conseil général, il était en charge de dossiers sensibles, notamment les décharges, l'incinérateur et la construction et rénovation des bâtiments ; il a reconnu ses liens avec Alexandre Guérini, Patrick Boudemaghe et même Bernard Barresi ; enfin, trois de ses sociétés seraient des pièces importantes du réseau de blanchiment que l'on soupçonne avoir été mis en place par Patrick Boudemaghe. Serait-ce pour protéger son fils, mis en examen pour « recel d'abus de bien sociaux » ? Toujours est-il que Jean-Marc Nabitz aurait beaucoup parlé, lui aussi, à la gendarmerie, décrivant le détail du « système » et mettant en avant l'impossibilité, pour Jean-Noël, de ne pas avoir eu vent des petites affaires de son frère… Avec les pièces du puzzle qui s'assemblent, émergent petit à petit les responsabilités des uns et des autres. Tout porte à croire que nous allons assister à un véritable tsunami judiciaire dans les mois qui viennent.

Pendant ce temps, Martine Aubry et François Hollande continuent à faire campagne, espérant sans doute que le temps et l'effervescence préélectorale se chargeront d'étouffer le scandale. Mais il ne fait aucun doute que l'affaire Guérini va sérieusement polluer les élections à venir. Les socialistes ne l'emporteront pas au paradis. En ce qui concerne les primaires socialistes, la fédération UMP des Bouches-du-Rhône a déjà choisi son candidat et distribué des tracts : « Socialistes, votez Montebourg » ! Il est certain qu'à Marseille, personne n'oubliera avec quelle lâcheté, avec quel cynisme les deux prétendants à la fonction présidentielle ont négligé les signaux d'alarme envoyés pendant des années par la presse, des élus de tous bords et leurs propres militants. Personne n'oubliera que ces candidats aux primaires du parti socialiste auront piétiné notre ville pour accéder au trône. Personne n'oubliera qu'ils savaient et qu'ils n'ont rien fait. Personne n'oubliera qu'ils portent, l'un comme l'autre, une large part de la responsabilité de cette affaire.

Quant au nouveau président du Sénat, Jean-Pierre Bel, il a pris sans état d'âme les voix de messieurs Guérini et Andréoni…

Chapitre 11

MARSEILLE, LE DIAMANT

Pour ceux qui ne connaissent pas Marseille, le récit de l'affaire Guérini s'apparente à une visite de la ville par les égouts. Elle confirme les pires clichés sur la cité phocéenne. J'ai beau être en plein cœur de la tempête et subir au quotidien l'ambiance délétère instaurée par le clan Guérini, je ne reconnais pas ma ville natale dans la vision désastreuse qu'en brosse la presse nationale depuis deux ans : saleté, inertie, violence, corruption à tous les étages, lâcheté des élus, mafia… Marseille, ce n'est pas ça. Nul besoin d'y vivre depuis des décennies pour s'en apercevoir.

Un de mes amis parisiens peu familier du Sud est venu me rendre visite au début de l'été 2011. Le choc qu'il a ressenti ne fut pas celui qu'il attendait : il s'étonna de l'excellent état des fleurons de notre patrimoine, restaurés ou en cours de restauration, Notre-Dame de la Garde, la Vieille Charité, le Palais Longchamp… Il s'enthousiasma devant la réussite de la réhabilitation des anciens docks de la Joliette, mariage harmonieux du bâti industriel et de l'architecture contemporaine, qui a donné le coup d'envoi de la renaissance économique de tout un quartier. L'audace architecturale de la tour CMA dessinée par Zaha Hadid, ainsi que celle du projet du Musée des Civilisations de l'Europe et de la Méditerranée, signé Rudy Ricciotti, lui donna le coup de grâce. Comment ? À Marseille également, on fait appel aux plus grands noms de l'architecture mondiale ? On aurait dit un ethnologue parti à la rencontre d'une civilisation reculée et découvrant que les indigènes avaient des fourchettes à poisson ! Mais sa naïveté était trop sincère pour être vexante. Il s'en serait d'ailleurs fallu de peu pour qu'il ne décide de tirer un trait sur la grisaille parisienne et de poser ses valises à Marseille – voire même dans le quartier du Panier, si souvent décrié, qui lui apparut comme un havre de bonheur villageois en plein cœur de la seconde plus grande ville de France. Je n'ai malheureusement pas eu le temps de lui faire faire ma promenade préférée : partir en bateau manger des oursins dans les calanques, faire le tour des îles du Frioul et rentrer tranquillement, dans le Vieux-Port illuminé par le soleil couchant. Nul doute qu'il n'aurait jamais voulu remonter dans le train !

Oui, Marseille a bien changé et elle n'a pas fini de surprendre ses visiteurs. Pour moi, cette ville est un diamant aux multiples facettes. Elle jette des reflets différents, selon l'éclairage qu'on lui donne. Elle a ses faces obscures, bien sûr, ne nous mentons pas. Les problèmes de Marseille, nous les connaissons. Ils concernent principalement les questions de propreté et de sécurité. Ces deux préoccupations rejoignent l'exaspération généralisée des habitants face aux incivilités quotidiennes, au niveau de l'hygiène, de la circulation, du stationnement, etc. Les Marseillais ne supportent plus le laxisme et la permissivité des pouvoirs publics, le laisser-aller, le manque de rigueur, de fermeté, les petits arrangements avec les syndicats et l'immobilisme qui en découle. Au-delà de son caractère irritant au quotidien, la propreté de nos rues est aussi un enjeu symbolique : comment s'étonner de nous voir caricaturés ainsi dans les médias quand Marseille elle-même semble parfois cultiver sa propre caricature ? Il est temps de faire le ménage, au sens propre comme au sens figuré. Il n'y a pas de fatalité, mais, il est vrai, un certain fatalisme qui prévaut depuis trop longtemps.

Nous devons changer cela, bousculer les habitudes, faire preuve d'autorité et déployer des efforts supplémentaires pour rattraper les retards accumulés.

Oui, il y a de grands chantiers à mener pour que cette ville retrouve la place économique et culturelle qui devrait être la sienne en France et dans le bassin méditerranéen. Ils demanderont de la passion, du courage, pour porter une vision neuve et audacieuse, pour battre en brèche ces clichés qui lui font tant de mal et que l'affaire Guérini a tristement ravivés.

Mais il semble que dans cette longue parade de stéréotypes étalés dans la presse depuis deux ans, on ait oublié le plus important – et le seul avéré à mon sens : les Marseillais sont un peuple fier, avec un sens de l'honneur chevillé au corps. Jamais ils ne laisseront salir leur réputation, jamais ils ne plieront devant un petit clan de profiteurs. Lorsqu'ils découvriront l'ampleur du préjudice causé à leur ville par le système Guérini, lorsqu'ils découvriront qu'Alexandre était derrière les grèves des éboueurs qui ont ravagé leurs rues, nul doute qu'ils se lèveront, à leur tour.

Marseille, fière et libre, ne s'est jamais rien laissé imposer, faisant toujours entendre sa petite musique singulière. Une musique jouée un peu trop fort au goût de certains – eh oui, nous sommes des gens du Sud –, mais une musique à part, entêtante et indocile, reconnaissable entre mille. L'indépendance est dans son ADN. C'est ce qui fait que cette ville fascine, intrigue, voire inquiète depuis toujours. Marseille, pour les rois, les empereurs, les despotes, a toujours été une ville à dompter. Grecque au temps des Romains, Républicaine avant l'heure (dès le XIIe siècle !), aux avant-postes de la Révolution française, à qui elle offrit son hymne la Marseillaise et 500 hommes pour prendre les Tuileries, résistante injustement oubliée, qui n'a pas attendu les libérateurs pour commencer le combat, elle défia les plus grands, de Jules César à Louis XIV. Et lorsque ce dernier ordonna l'édification par Vauban de la citadelle Saint-Jean et du Fort Saint-Nicolas, ce fut pour tourner leurs canons *vers* la ville ! Marseille est têtue, qu'on se le dise : elle est résolument tournée vers le Sud alors que les échanges économiques et diplomatiques de la France se sont accentués avec nos voisins du Nord. Elle est constituée de nombreux noyaux villageois alors que les grandes métropoles françaises s'articulent autour d'un centre-ville. Elle est composée d'une multitude de communautés qui vivent ensemble, et plutôt bien, contredisant l'idéal jacobin d'unité du peuple français cimenté par l'assimilation.

Mais la faculté la plus extraordinaire de cette ville, comme le soulignent Roger Duchêne et Jean Contrucci dans leur excellent ouvrage *Marseille, 2600 ans d'histoire*, c'est sa capacité, comme le Phénix, à renaître de ses cendres. « C'est quand on la croit le plus près de sa fin, écrivent les deux historiens, qu'elle trouve en elle les moyens de sa survie et de sa renaissance, ne comptant que sur ses forces propres. » Citant sa régénération miraculeuse après la dévastation de la ville par les troupes d'Alphonse d'Aragon en 1423, la Grande Peste qui emporta près de la moitié de ses habitants au début du XVIIIe...

Marseille a toujours su se réinventer. Et, à l'heure où les Cassandre pointent du doigt le déclin des piliers économiques qui ont fait sa force et en premier lieu celui du port, hier encore plaque tournante du commerce dans les colonies, les optimistes (dont je suis) soulignent, au contraire, toutes les promesses voire les prouesses que cette ville peut encore réaliser, si on lui donne sa chance. L'opération Euroméditerranée, qui a réhabilité 300 hectares en centre ville, dont 110 de domaine maritime, en est un exemple éclatant. Nous avons su donner une dynamique nouvelle à ces territoires sinistrés, grâce à un projet fort bâti sur quatre piliers : la qualité de vie, l'aménagement et l'urbanisme, le développement immobilier, le développement économique et l'emploi.

C'est une nouvelle ville, un nouveau cœur économique, de nouveaux espaces de circulation, de rencontre, d'habitation, bref, de nouveaux lieux de vie qui ont surgi de ces anciens terrains industriels hier encore en déshérence. Remontez aujourd'hui l'avenue de la République restaurée depuis le Vieux-Port jusqu'à la place de la Joliette, longez les docks réhabilités par Éric Castaldi, prenez le temps de découvrir les différents atriums qui marient le verre et l'acier à la pierre des anciens bâtiments industriels, promenez-vous sur les terrasses où déjeunent les employés des entreprises nouvellement implantées ; poussez jusqu'à l'ancien silo à céréales et réservez vos places pour la salle de spectacle qui fera revivre les lieux dès la rentrée 2011 – c'est l'Olympia sur mer ; faites abstraction des grues et des chantiers tout autour de la tour Zaha Hadid et imaginez la nouvelle écocité qui va bientôt sortir de terre, imaginez les 4 km de promenade littorale rendus aux Marseillais, du cap Pinède au Vieux-Port avec, au bout, aux pieds du Fort Saint-Jean lui aussi réhabilité et (enfin) rendu au public, face au palais du Pharo, le futur bâtiment du MUCEM qui ouvrira ses portes en 2013… Vous aurez alors un aperçu de la métamorphose de Marseille. Le projet Euroméditerranée, que j'ai eu le bonheur de présider pendant quinze ans, représente la plus grande opération de rénovation urbaine d'Europe du Sud. Voilà ce qui devrait faire la une des journaux locaux et nationaux : l'histoire d'une ville qui a su se réconcilier avec son port, ses racines les plus profondes, pour tourner ses regards vers l'avenir.

Outre son port, Marseille est riche de nombreux atouts. Marseille est riche de ses trois universités, remontées récemment dans le classement de Shangaï grâce au regroupement permis par la loi de réforme des universités. Marseille est riche de ses hôpitaux et de ses chercheurs qui en font le deuxième pôle de recherche scientifique français après Paris. Marseille est riche de l'OM – comment ne pas l'évoquer ! – qui fait vibrer notre quotidien, comme le résume bien la formule : 11 joueurs, 800 000 supporteurs !

Marseille est riche de... Marseille ! Sa position géographique remarquable a fait d'elle la porte d'entrée de l'Europe pour le bassin méditerranéen, mais aussi pour l'Asie, *via* le canal de Suez. Le TGV la situe désormais à trois heures de Paris, les projets de lignes à grande vitesse vers Nice et Barcelone accentueront sa position centrale, l'aéroport international et son terminal *low cost* réduiront encore les distances avec l'Europe centrale, l'Europe du Nord et le Maghreb. De sa situation exceptionnelle, entre les calanques au sud, la mer à l'ouest et les collines de l'Étoile et du Garlaban au nord et à l'est, découle une qualité de vie rare. Avec près de 300 jours d'ensoleillement par an, adouci par le mistral ou la brise marine, Marseille est un petit paradis. Son arrière-pays, du Lubéron à Aix-en-Provence, d'Aubagne aux Alpilles, regorge de joyaux architecturaux et paysagers. Elle a tout pour attirer les jeunes, les familles comme les retraités, en quête d'ailleurs et de douceur de vivre.

Marseille, enfin, est riche de ses habitants. À l'heure où le débat sur l'immigration divise toutes les familles politiques, il serait judicieux de tourner les yeux vers cette ville dont le cœur est pris depuis toujours entre la gare et le port. Une ville d'émigrés, de voyageurs, une terre de brassages, de métissages sans équivalent. Au chapitre « immigration » de son *Dictionnaire amoureux de Marseille*, Paul Lombard résume la vocation de Marseille par cette jolie formule : « Point de ralliement entre l'Orient et l'Occident, zone de transit obligée pour tous les migrants de la Méditerranée, elle incarne, par la force de l'Histoire avec la complicité de la géographie, l'avant-poste de la partie des droits de l'homme, qui ouvre ses portes aux exilés. » Dès le XVIIIe siècle, la moitié de la population est d'origine étrangère. Au XIXe siècle, plusieurs vagues d'immigration économique sont venues apporter de la main-d'œuvre aux industries en plein essor : Nissards, Ligures, Catalans, puis Napolitains, Piémontais, Siciliens, Sardes, Toscans posent leurs bagages dans les quartiers populaires de Marseille, autour du Vieux-Port et jusqu'à la Belle-de-Mai. Les premiers ressortissants du Maghreb, essentiellement des Kabyles, accostent au début du XXe siècle, bientôt rejoints par les victimes des soubresauts de l'histoire européenne, Républicains espagnols, Arméniens, Pieds-Noirs… La cohabitation ne s'est pas toujours faite sans heurt et l'histoire de Marseille compte aussi des tragédies liées à la peur de l'autre, peur que le Front National attisera pendant toute la fin du XXe siècle et le début du XXIe. Mais, fort heureusement, sans jamais réussir à s'imposer.

Mon propre arbre généalogique compte des Lorrains, des Belges, des Auvergnats, des descendants de marchands juifs génois, des immigrés d'Europe de l'Est… Ma grand-mère maternelle, Gladys Steuart, américaine, était la fille du consul général des États-Unis. Sa première fille, Géraldine Apponyï, a épousé Zog 1er, le roi d'Albanie. Son héritier, Leka Ier, est donc mon cousin germain ! Tous les Marseillais ont des racines itinérantes et tous les itinérants ont une part de leur cœur à Marseille. Les locaux connaissent l'histoire surprenante de la renaissance du Théâtre du

Gymnase, construit en 1804, qui a accueilli les plus grands noms du théâtre et de la chanson française avant de se retrouver à l'abandon dans les années 1970. Alors que la Ville, au début des années 1980, avait prévu de le raser pour construire à sa place un centre commercial, un richissime homme d'affaires américain de passage à Marseille, Armand Hammer, décida de financer sa réhabilitation. Devant la surprise générale suscitée par son geste, le milliardaire expliqua que ses parents, Russes d'origine juive, avaient fui leur pays pour le Nouveau Monde. Ils avaient fait escale à Marseille, où ils avaient été invités dans ce théâtre pour une représentation de *La Dame aux camélias*. À l'enfant qui naquit peu après leur arrivée aux États-Unis, ils donnèrent le nom d'Armand, héros de la pièce qu'ils virent un soir dans cette ville qui sut les accueillir, phare généreux dans la nuit de leur exil. Que l'on y soit né, que l'on y trouve refuge, inspiration, que l'on y passe, un soir, un an ou toute une vie, Marseille laisse toujours un souvenir indélébile.

Elle aura l'occasion de prouver qu'elle mérite le statut de ville capitale en 2013, lorsqu'elle sera capitale européenne de la culture. La culture n'est pas forcément le terrain sur lequel on nous attendait, et pourtant… Marseille est un véritable mille-feuilles où se lisent 2600 ans d'histoire.

Il n'est pas un coup de pioche planté dans les sous-sols du centre-ville, pendant les grands travaux du quartier dit « de Derrière la Bourse », dans les années 1970, qui n'ait permis de déterrer ici un morceau de rempart datant du IIe siècle avant J.-C., là une nécropole grecque, là encore un navire quasiment contemporain de la fondation de la cité. Un peu plus tard, au début des années 1990, et un peu plus loin, au pied du cap Morgiou, c'est un deuxième Lascaux que le plongeur Henri Cosquer découvre alors qu'il explore les calanques : une caverne ornée de dessins préhistoriques, dans un excellent état de conservation, dont les plus anciens remontent à 25 000 ans avant notre ère. Qui sait quels nouveaux joyaux les archéologues, les plongeurs, les ouvriers du bâtiment ou les chanceux déterreront dans les prochaines années ? Marseille est assise sur un trésor, un patrimoine exceptionnel qu'aucune autre ville de France ne peut égaler.

Mais Marseille, c'est aussi une culture bien vivante, un véritable bouillonnement créatif, qui a produit parmi les plus belles métamorphoses dont cette ville a le secret. Je parlais tout à l'heure de la salle de spectacle implantée dans l'ancien silo, mais je pourrais évoquer également la renaissance de la Vieille-Charité, aujourd'hui foyer culturel et intellectuel de premier plan, qui rayonne internationalement depuis le quartier du

Panier. Je ne vais pas citer tous les lieux et projets emblématiques du vivier culturel marseillais mais je ne peux faire l'impasse sur les Friches de la Belle-de-Mai, projet pionnier en son temps, qui est désormais tout à la fois le laboratoire, la vitrine et le fer de lance de la création contemporaine marseillaise, l'une de nos plus grandes fiertés. Elles seront, avec les nombreux autres centres et institutions artistiques que compte la région, au cœur de Marseille-Provence capitale européenne de la culture en 2013.

En demandant à être délégué spécial de l'opération, j'avais une idée bien précise en tête. Entendons-nous bien : là encore, chacun son rôle. Je ne suis pas un artiste, je ne suis pas non plus un professionnel de la culture. Jamais je ne m'immiscerai dans une programmation, dans le choix des artistes ou des contenus. Je laisse cette noble tâche aux bons soins du directeur de l'association organisatrice. Mais je sais reconnaître des hommes de passion et de conviction, et des projets capables de transformer le visage de ma ville. J'avais d'ailleurs soutenu sans hésiter les Friches de la Belle-de-Mai juste après mon arrivée à la mairie en 1995, alors qu'elles connaissaient des difficultés. Depuis quinze ans, j'ai acquis la conviction que la culture, au-delà de sa valeur intrinsèque, est non seulement un axe essentiel de développement pour un territoire, mais aussi un ferment indispensable du lien social. À Marseille, la culture, les arts ont rendu leur fierté et leur dynamisme à des quartiers entiers. Je suis convaincu qu'il n'y a pas de développement économique sans développement culturel. Il n'y a pas de projet politique sans projet culturel. Dans les deux cas, ce sont des choix, des moyens et une vision.

La préparation de l'événement Marseille Provence 2013 illustre bien cette interaction forte. Pour accueillir les grandes manifestations qui vont ponctuer l'année 2013, nous avons modernisé (50 projets lancés par la Ville), réhabilité et construit de nouveaux équipements, avec l'aide de l'État et des collectivités pour 600 millions d'euros. Mais, à l'annonce du projet, les initiatives privées se sont également multipliées. Pour accueillir, héberger, véhiculer pendant un an les quelque 10 millions de visiteurs prévus, ce sont tous les acteurs marseillais, entreprises, acteurs culturels, décideurs publics, qui se mobilisent et avancent main dans la main. Marseille 2013 prépare Marseille 2031 ! Oui, la culture est un formidable ferment de développement et de lien social.

C'est ce qui fait la cohérence de mon engagement au Conseil culturel de l'Union pour la Méditerranée (UpM), que je préside depuis sa création en 2009. L'Union pour la Méditerranée, c'est la volonté de poser les bases d'un développement partagé par les deux rives. Après des siècles d'affrontements, l'Europe a su tourner la page des conflits fratricides, construire la paix et la prospérité à travers des coopérations concrètes, d'abord sur les dossiers économiques, la Communauté européenne du charbon et de l'acier, puis le Marché commun. Pourquoi la Méditerranée ne pourrait-elle pas, avec ses particularités et son génie propres, suivre le même chemin ? On prête souvent cette phrase à l'un des pères de l'Europe, Jean Monnet : « Si c'était à refaire, je commencerais par la culture. » Le Conseil culturel de l'UpM répond à ce regret visionnaire ! Cette présidence, comme celle de l'Institut du monde arabe (IMA), à laquelle j'ai l'honneur d'avoir été nommé en septembre 2011, ne m'éloignent en rien des réalités marseillaises. Bien au contraire. Elles me rapprochent de ses créateurs, de ses décideurs culturels dont je redécouvre chaque jour les initiatives, la force de l'engagement, la pertinence des liens intellectuels et affectifs qu'ils ont su tisser entre les deux rives. Marseille est, depuis toujours, le terreau naturel de tels partenariats, qui croisent les regards, interrogent les consciences. Que ce soit dans les domaines de la littérature, de la poésie, du théâtre, de la danse, de la musique, des arts plastiques, ces initiatives révèlent le vrai visage de cette ville, sagace, créative, généreuse. Ce n'est pas un hasard si le président de la République a choisi de confier les présidences du Conseil culturel de l'UpM et de l'IMA à un Marseillais, et tout particulièrement au délégué spécial de l'opération Marseille-Provence capitale européenne de la culture 2013. Derrière l'ensemble de ces événements et lieux de réflexion, il y a une même volonté d'éclairer l'avenir d'une Méditerranée forte et unie, dont Marseille sera l'un des phares.

Je dis souvent que, pour gouverner une ville, il faut « du pain et des étoiles ». Le pain, c'est la gestion du quotidien, essentielle pour la qualité de vie. Les étoiles, ce sont les grands projets fédérateurs qui tirent une ville et ses habitants vers le haut, les rassemblent, donnent du sens et font rêver. Marseille ne doit pas cesser de rêver.

Mais, pour le pain comme pour les étoiles, il faut une volonté politique forte, et une gouvernance claire pour la mettre en œuvre. C'est, je le crois, le seul « mérite » de l'affaire Guérini, d'avoir mis au jour le principal handicap au développement de Marseille : l'éclatement de la gouvernance. Pour pointer du doigt la paralysie de la cité phocéenne et le rang auquel elle n'a pas su se hisser, on la compare souvent à Barcelone. Cette comparaison est absurde. Barcelone est la capitale d'un véritable État dans l'État espagnol.

La Catalogne a ses propres ressources financières, sa langue, son organisation politique indépendante. La concentration des décisions permet des modalités de développement très structurées et ambitieuses, parce que construites dans le temps.

En France, avec les différentes lois qui ont permis la création des communautés de communes, puis des communautés urbaines, nous allons dans le sens d'une gouvernance plus forte des grandes métropoles. Le Grand Lille, le Grand Lyon, le Grand Paris se forment, s'organisent, se structurent, se développent au profit de leur territoire et de leurs habitants. Ils ont su intégrer le mouvement et constituent aujourd'hui des ensembles unifiés, avec succès. Marseille sera-t-elle capable de le faire et de ne pas rater ce rendez-vous ? Les habitants du département ont déjà intégré le Grand Marseille et le vivent au quotidien. Les élus l'ont-ils compris ? Pas tous. Certains refusent de le comprendre, pour les pires raisons. La plus grave, à mon sens, c'est la volonté de certains de conserver leur pré carré. Intégrer une gouvernance plus vaste signifie nécessairement rendre des comptes. Or, on a bien vu, tout au long de l'enquête, comment des élus de communes aux alentours de Marseille ont construit de véritables bastions d'opacité, et en ont tiré profit au détriment de leurs concitoyens. La superposition des diverses collectivités encourage ce manque de transparence et rend inefficaces les différentes autorités de tutelle et les organes de contrôle.

Quant à la CUM, elle n'a de métropole que le nom. Les nouvelles lois nous permettraient de renforcer ses pouvoirs, en transférant certaines des compétences du conseil général et du conseil régional, afin d'en faire un vrai pôle de gouvernance. Mais il faudrait, pour cela, que les élus sacrifient leur intérêt particulier au service de l'intérêt collectif. Marseille a tous les atouts pour prendre son destin en main. Il ne manque plus que les volontés. Marseille a besoin d'une nouvelle impulsion, d'une profonde réforme de sa gouvernance. C'est à cette condition que les élus retrouveront la confiance des Marseillais. C'est l'une des conditions pour que nous puissions porter des projets d'ampleur, des projets d'avenir. Marseille a sa place comme métropole européenne et capitale de la Méditerranée.

Le 10 septembre 2011, notre ville a accueilli un sommet du G8 réunissant les ministres du G7, les représentants des banques centrales, de la Banque mondiale et du FMI, ainsi que des bailleurs de fonds européens. L'objectif de cette réunion était de lever des fonds pour soutenir les pays du printemps arabe, le Maroc, la Tunisie, la Jordanie et l'Égypte. 38 milliards de dollars vont ainsi être mobilisés, auxquels s'ajouteront

35 milliards du FMI. Le Centre pour l'intégration en Méditerranée, basé à Marseille, a été choisi pour coordonner un rapport d'analyse qui propose un plan d'action à court et moyen terme. Je suis fier que ce chapitre de notre Histoire s'écrive dans notre ville, qui abrite déjà de nombreuses organisations internationales, notamment une antenne de la Banque mondiale, une antenne des Nations unies pour le développement industriel (ONUDI), la Commission méditerranéenne de cités et gouvernements locaux unis (CGLI), ainsi que la Maison des organisations internationales, lieu de capitalisation et de synergie entre les institutions d'aide au développement elles-mêmes, ainsi qu'avec les partenaires implantés dans la région, comme l'Agence française de développement (AFD), l'Institut de recherche pour le développement (IRD) et l'agence conseil en développement international Ubifrance. Marseille, qui compte 13 cités jumelles de par le monde et a su nouer de solides accords de coopération technique avec 20 villes, dont un bon nombre de capitales méditerranéennes, a une partition importante à jouer sur le plan international. Cela doit être un axe fort de son développement futur.

Dans son article *Jeunes gens, allez voir le phare*, le reporter Albert Londres invitait ainsi les Français à découvrir cette « Porte du Sud » : « Allez à Marseille. Marseille vous répondra. Cette ville est une leçon. L'indifférence coupable des contemporains ne la désarme pas. Attentive, elle écoute la voix du vaste monde et, forte de son expérience, elle engage, en notre nom, la conversation avec la terre entière. Un oriflamme claquant au vent sur l'infini de l'horizon, voilà Marseille. »

Ce livre est une histoire vraie. Toute ressemblance avec des personnages existant ou ayant existé est donc purement volontaire. Mais, même si les faits relatés sont réels, cette histoire ne livre qu'un portrait faussé, partiel, de Marseille, de sa classe politique et de ses habitants. J'entends souvent dire que notre ville est une belle endormie, condamnée à voir ses nombreux atouts et ressources inexploités. Nous prouverons, dans un futur très proche, face aux échéances électorales importantes qui s'annoncent dans les années qui viennent, qu'il n'en est rien. Nous pouvons remobiliser les Marseillais autour de grands projets qui rendront sa fierté et sa flamme à leur ville. Je prends le pari qu'après ces deux années de mauvaise publicité, Marseille fera de nouveau les gros titres, et cette fois, pour les meilleures raisons. Cette ville est si belle. Conformément à la devise qui orne son blason, *Actibus immensis urbs fulget massiliensis* : Marseille brille par ses hauts faits.

ÉPILOGUE

En juillet 2011, dans un dossier du *Point* sur la mafia en France, l'historienne Marie-Anne Matard-Bonucci pointait six caractéristiques d'un système mafieux : une structuration qui repose sur un engagement réciproque des membres et des règles internes ; la violence et l'intimidation ; un rôle social, à la jonction entre la sphère légale et illégale ; un lien avec la classe politique et les institutions, à l'échelle locale, régionale ou nationale, grâce auquel la mafia accède à certaines ressources (marchés publics notamment), et bénéficie d'une certaine impunité judiciaire ; un ancrage territorial ; enfin, la coexistence d'activités légales et illégales. Comme un air de déjà vu…

Selon l'historienne, c'est la dégénérescence des démocraties qui fait le lit des mafias. Et l'on ne peut que s'interroger, en effet, devant l'ampleur du réseau mis au jour, devant la gravité des faits, devant les nombreuses complicités qu'ils impliquent, à tous les niveaux. Notre République a mis en place, pour sa préservation, un nombre important de garde-fous, une séparation claire des différents pouvoirs, des instances indépendantes censées surveiller le bon fonctionnement de l'administration, à tous les niveaux, notamment des chambres régionales des comptes, qui vérifient les comptes des collectivités locales. Malgré tout cela, un système considéré comme politico-mafieux aura pu tranquillement étendre ses tentacules dans les Bouches-du-Rhône, corrompant des élus et des fonctionnaires, ponctionnant l'argent public en toute impunité, faisant régner un climat de terreur et d'intimidation et monnayant même le silence d'un des plus importants partis politiques français.

Comment cela a-t-il été possible ? Encore une fois, cette citation de Paul Bourget me semble appropriée : « Quand on ne vit pas comme on pense, on finit par penser comme on vit. » L'affaire Guérini a montré que les plus grands scandales se nourrissent de petites compromissions. On commence par s'asseoir sur de petits principes, par amitié, par soumission ou par intérêt… Et on se retrouve pris dans un système qui nous dépasse avec un sentiment d'impunité qui s'installe et la crainte de se sentir exclu du collectif… Pourquoi ne pas faire comme les autres ? Tous ceux qui, de gré ou de force, ont fermé les yeux devant le charme, l'achat ou la pression de Jean-Noël et Alexandre Guérini n'ont sans doute pas eu conscience de participer à la naissance de la pieuvre. Mais c'est la somme de ces petits arrangements avec la loi ou la morale qui a permis qu'elle se développe et se maintienne aussi longtemps.

Il aura fallu une heureuse (hasardeuse ?) conjonction de facteurs pour l'ébranler : le bon sens d'un procureur, la pugnacité d'un juge, la détermination des gendarmes, le courage de certains journalistes, l'opiniâtreté de quelques élus. Les optimistes se concentreront sur le résultat et y verront justement le signe du bon fonctionnement des garde-fous de la République. Les pessimistes souligneront au contraire la fragilité de cette dernière, en mettant en avant le pas prudent dans le démantèlement du réseau et l'ampleur des dommages causés. J'ai beau me considérer comme un éternel optimiste, j'avoue que l'affaire Guérini m'a fait douter de la solidité de nos institutions. Car, n'en déplaise aux amateurs de folklore, si un tel réseau a pu prospérer à Marseille, un autre, similaire, pourrait tout aussi aisément prendre racine ailleurs.

Ce scandale vient cruellement nous rappeler que nous ne devons jamais baisser la garde ; que nous devons défendre, avec passion et constance, les valeurs de notre République, à Marseille comme ailleurs. Élus, fonctionnaires, citoyens, nous sommes tous responsables de ce qui se passe dans nos villes, nous sommes tous dépositaires des valeurs de la République. Et ce combat ne sera jamais mieux porté que par des individus qui accomplissent leur devoir de façon totalement indépendante, que ce soit le juge indifférent aux pressions de tous crins, le journaliste animé par la seule passion de la vérité, ou l'élu qui ne compte pas sur ses responsabilités politiques pour vivre.

Sur ce dernier sujet, cette histoire a renforcé ma conviction que les hommes politiques ont un devoir d'exigence, d'exemplarité, ce que nos anciens appelaient vertu. Les élus de la République devraient tous avoir un métier, indépendamment de leur carrière politique. C'est le meilleur gage de leur sincérité et de leur autonomie. D'un engagement véritablement désintéressé au service de ses convictions. Je propose par ailleurs d'élaborer une charte éthique pour prévenir les dérives que permet le système actuel et empêcher qu'une nouvelle pieuvre étende ses tentacules dans une autre ville de France. Quatre pistes de réflexion : afin d'empêcher toute tentation de clientélisme, il serait judicieux de donner une limite dans le temps aux fonctions exécutives. On pourrait ainsi, comme pour le président de la République, limiter à deux mandats toute présidence d'exécutif. Ensuite, afin d'éviter le cumul des mandats, il faut les limiter à deux, un local et un national, ce qui permet de bien relayer les problèmes et les solutions, dans les deux sens. Il faudrait enfin, comme pour les parlementaires et les ministres, demander aux élus de faire une déclaration de patrimoine au début et à la fin du mandat, pour pouvoir les comparer. Enfin, admettre le principe que tout élu mis en examen pour prise illégale d'intérêt, corruption, blanchiment, démissionne immédiatement de sa fonction exécutive et, s'il est condamné, soit inéligible pour 10 ans. Il faut mettre en place un « statut de l'élu » afin de préserver la fonction d'un risque de prévarication pour subsister ou de démagogie pour se faire réélire. Nous devons faire honneur à l'écharpe tricolore qui nous a été confiée, et affirmer par nos propos et nos actes que nous ne sommes sous l'influence de personne. Nous avons été élus pour servir la République, et non pour nous servir de nos mandats. Il y a urgence à établir de nouveaux garde-fous pour une République vraiment irréprochable.

Que cette affaire nous serve de leçon. La justice mettra bientôt au jour le réseau local de complicités sur lequel le système Guérini a pu s'appuyer pour prospérer. Nous ne sommes peut-être pas au bout de nos surprises... Aujourd'hui, compte tenu des informations non démenties que nous avons pu lire dans la presse, les détournements d'argent public (notre argent) seraient estimés à 35 millions d'euros. Ces chiffres sont incroyables. Lorsqu'on les compare au produit fiscal 2010 par habitant pour la seule ville de Marseille de la taxe d'habitation, soit 82 euros et à celui de la taxe sur le foncier bâti, soit 97 euros, on prend peur. Le Parti socialiste devrait prêter une oreille plus attentive aux préconisations de l'un de ses *think tank*, les Gracques, qui s'indignaient justement, en septembre 2011, de ce que « les collectivités locales gagnent haut la main le concours de l'entropie dépensière »...

À toutes celles et tous ceux qui ont refusé de tremper dans cette affaire, à toutes celles et tous ceux qui ont eu le courage de la dénoncer, qui se sont battus pour faire éclater la vérité, de quelque bord politique qu'ils soient, je veux dire ma reconnaissance. Chacun de nous y aura laissé des plumes. Personnellement, cette affaire m'aura coûté ce que j'avais de plus cher.

Mais il n'est pas question de céder à l'amertume, à la rancœur. Nous avons déjà perdu trop de temps. Laissons la justice suivre son cours et remettons-nous à l'œuvre. Je fais confiance aux Marseillais pour se choisir des leaders qui les représenteront avec honneur et probité. J'ai confiance en ma ville, en ses habitants. J'ai confiance en l'avenir que nous allons inventer ensemble.

Ceux qui pensent que Marseille est dirigée soit par des voyous, soit par des politiques falots ou arrangeants se trompent lourdement. Nous sommes aujourd'hui face à un état de fait, un imbroglio invraisemblable dont nous devons sortir au plus vite. Il révèle une défaillance flagrante au niveau tant du personnel politique (absence d'éthique et de courage, formation insuffisante, manipulation des élections, mauvaise gestion non sanctionnée, etc.) que de l'organisation proprement dite (superposition des diverses collectivités, gabegie, défaut de transparence, insuffisance des autorités de tutelle et des organes de contrôle, opposition sans pouvoir, etc.). Tout ceci nécessite une prise de conscience, une réflexion approfondie, une nouvelle impulsion, bref, une vraie réforme tant au niveau des mentalités que de la loi. Il est temps de bâtir un grand projet pour les Marseillais avec une équipe expérimentée, forte de compétences multiples, qui aura suffisamment d'autorité et de légitimité pour bousculer les habitudes, imposer les changements nécessaires et justes. Ce projet devra proposer une vision à long terme pour le Grand Marseille au niveau local, régional, national et international. L'avenir passera par là.

LE PARTI SOCIALISTE DES BOUCHES-DU-RHÔNE ET LA JUSTICE

En septembre 2011, le PS des Bouches-du-Rhône, à travers les élus et hauts fonctionnaires des collectivités qu'il dirige, est touché par cinq procédures judiciaires en cours.

En avril 2009, une information judiciaire pour « des chefs de corruption et trafic d'influence actifs et passifs, prises illégales d'intérêts, atteinte à la liberté d'accès et à l'égalité des candidats dans les marchés publics, détournements de fonds publics, escroqueries en bande organisée, abus de confiance, abus de biens sociaux, faux et usage de faux, recels à titre habituel et en bande organisée, blanchiments à titre habituel et en bande organisée, détention et port d'armes et munitions prohibées de 1re ou 4e catégorie, association de malfaiteurs (notamment en vue de corruption, trafic d'influence, recel et blanchiment à titre habituel et en bande organisée) » a été ouverte contre X.

Au 1er octobre 2011, ces informations judiciaires ont déjà eu comme conséquences pour :

Les élus

– octobre 2009, DE VITA Robert, premier adjoint au maire de GIGNAC LA NERTHE, a été *mis en examen pour « favoritisme »*.

Il est soupçonné d'avoir favorisé une entreprise de terrassement, dirigée dans des circonstances qui n'étaient pas justifiées.

– janvier 2010, TONON Michel, président de l'Agglopole Provence, maire de Salon-de-Provence et conseiller général des Bouches-du-Rhône, a été *mis en examen pour « favoritisme »* concernant une délégation de service public dans le domaine des transports.

– janvier 2010, MAGGI Jean-Pierre, maire de Velaux, vice-président de l'Agglopole Provence en charge des Transports et conseiller général des Bouches-du-Rhône, a été *mis en examen pour « favoritisme »* dans la même affaire.

– 8 juillet 2010, ANDRIEUX Sylvie, députée des Bouches-du-Rhône depuis 1997, conseillère municipale de Marseille depuis 1995 et vice-présidente de la Région de 1998 à 2009, a été *mise en examen pour « complicité de détournement de fonds publics et complicité de tentative d'escroquerie »* dans une affaire de détournement de subventions du conseil régional au profit d'associations marseillaises.

Son immunité parlementaire a été levée le 5 avril 2010.

– 9 septembre 2010, dans cette même affaire, VAUZELLE Michel, ancien ministre de la Justice, député des Bouches-du-Rhône et président du conseil régional PACA a été entendu sous le statut de *témoin assisté.*

– novembre 2010, Dominique VIOLA, maire de Saint-Pierre-de-Venaco, a été *mis en examen pour « détournement de fonds publics »* dans le cadre de l'affaire des marchés publics de Haute-Corse.

– 14 janvier 2011, BELVISO Alain, président communiste de la Communauté d'agglomération du Pays d'Aubagne *a été mis en examen pour « complicité de détournement de fonds publics et complicité de détournement de biens publics ».*

Il a démissionné le 21 février 2011.

– 4 février 2011, CASELLI Eugène, président de la Communauté urbaine Marseille Provence Métropole, a été *placé en garde à vue pendant 36 heures.*

– 7 septembre 2011, GRANIÉ Bernard, président du Syndicat d'agglomération nouvelle (SAN) Ouest Provence depuis 2003, a été condamné à *2 ans de prison ferme, 100 000 euros d'amende et 5 ans d'inéligibilité* par la cour d'appel d'Aix-en-Provence.

Il a été condamné le 20 janvier 2010 par le tribunal correctionnel d'Aix-en-Provence à une peine d'un an de prison ferme et *100 000 euros d'amende, ainsi que cinq ans d'inéligibilité et d'interdiction d'exercer toute fonction publique pour « favoritisme » et « corruption ».*

– 8 septembre 2011, GUÉRINI Jean-Noël, sénateur des Bouches-du-Rhône et président du conseil général des Bouches-du-Rhône, a été *mis en examen pour « complicité d'obstacle à la manifestation de la vérité, trafic d'influence, prise illégale d'intérêt et association de malfaiteurs ».*

– 8 septembre 2011, BARTOLINI Raymond, adjoint au maire de Berre-l'Étang et vice-président de l'Agglopole Provence, a été *mis en examen pour « favoritisme, corruption passive, blanchiment d'argent en bande organisée ».*

Il a été placé en détention provisoire dès le 9 septembre 2011.

– 14 septembre 2011, ANDRÉONI Serge, sénateur maire de Berre-l'Étang, a été *convoqué par le juge* pour une éventuelle mise en examen *pour « complicité de trafic d'influence »*. Il ne s'est pas présenté devant le juge à cause d'une hospitalisation.

– Parallèlement aux ennuis judiciaires de leurs élus, le conseil régional Provence-Alpes-Côte d'Azur, le conseil général des Bouches-du-Rhône, la communauté urbaine Marseille-Provence Métropole et la ville de Berre-l'Étang ont vu leurs locaux perquisitionnés plusieurs fois entre avril 2009 et août 2011.

– 3 juillet 2011, GHALI Samia, sénateur maire PS des 15e et 16e arrondissements, a déposé une plainte contre JIBRAYEL Henri, député PS des Bouches-du-Rhône, pour « *menaces* ». le député a lui déposé une plainte pour « *diffamation* ».

Fonctionnaires et collaborateurs

– juillet 2009, DUMONTEL Frank, ancien directeur de cabinet du président du conseil régional PACA, Michel VAUZELLE de 2004 à 2008, a été *mis en examen pour « complicité de détournement de fonds publics ».*

– juillet 2009, NYSSEN Jules, ancien directeur général des services, a été *mis en examen pour « complicité de détournement de fonds publics ».*

– 13 novembre 2010, OLMETA Pierre, fonctionnaire au conseil général de Haute-Corse et cousin de Patrick BOUDEMAGHE, a été *mis en examen pour « détournement de fonds publics »* dans le cadre de l'affaire des marchés publics de Haute-Corse.

Il a été placé en détention provisoire du 16 novembre 2010 au 3 avril 2011.

– 18 novembre 2010, DE PERETTI François Dominique, directeur de cabinet du président du conseil exécutif de Corse, a été *mis en examen pour « détournement de fonds publics »* dans le cadre de l'affaire des marchés publics de Haute-Corse.

– 30 novembre 2010, KARABADJAKIAN Michel, ancien directeur général adjoint de MPM en charge de la propreté et de l'écologie urbaine et maritime de septembre 2008 à février 2011 a été *mis en examen pour « trafic d'influence et corruption passive »*.

– 1er décembre 2010, DUVAL Mireille, fonctionnaire à la communauté d'agglomération du Pays d'Aubagne, a été *mise en examen pour « soustraction de biens publics résultant de la négligence d'une personne chargée d'une fonction publique »*.

– 1er décembre 2010, BRINGUIER Christophe, fonctionnaire à la communauté d'agglomération du Pays d'Aubagne, a été *mis en examen pour « complicité de détournement de fonds publics »*.

– 1er décembre 2010, PINNA Daniel, ancien directeur général des services de la communauté d'agglomération d'Aubagne, a été *mis en examen pour « détournement de fonds publics et complicité »*.

– 30 mai 2011, BARGÈS Rémi, directeur de cabinet du président du conseil général des Bouches-du-Rhône, Jean-Noël GUÉRINI, a été *mis en examen pour « destruction de preuves »*.

– 16 septembre 2011, NABITZ Jean-Marc, ancien directeur général de 13 Développement, a été *mis en examen pour « blanchiment en bande organisée, corruption passive par personne exerçant des fonctions publiques, association de malfaiteurs en vue de la corruption et association de malfaiteurs en vue du blanchiment en bande organisée »*.

Il a été placé en détention le 16 septembre 2011.

– 16 septembre 2011, NABITZ Cyril, fils de Jean-Marc NABITZ, a été *mis en examen pour « recel d'abus de bien sociaux »*.

Chefs d'entreprise

– 8 juin 2010, BARRESI Bernard a été *mis en examen pour « recel d'extorsion de fonds en bande organisée et blanchiment »*.

Il a été placé en détention provisoire le 8 juin 2010.

– 8 juin 2010, CAMPANELLA Gérald a été *mis en examen pour « recel d'extorsion de fonds en bande organisée et blanchiment ».*

Il a été placé en détention provisoire le 8 juin 2010.

– 8 juin 2010, CAMPANELLA Michel a été *mis en examen pour « recel d'extorsion de fonds en bande organisée et blanchiment ».*

Il a été placé en détention provisoire le 8 juin 2010.

– 8 juin 2010, RODRIGUEZ Alexandre a été *mis en examen pour « recel d'extorsion de fonds en bande organisée et blanchiment ».*

Il a été placé en détention provisoire du 8 juin 2010 au 29 juillet 2010.

– 8 juin 2010, SERRANO Carole, compagne de Bernard BARRESI, a été *mise en examen pour « extorsion de fonds ».*

Elle a été placée en détention provisoire du 8 juin 2010 au 21 juillet 2010.

– 10 juin 2010, PASCAL Éric, PDG de la société QUEYRAS ENVIRONNEMENT, a été *mis en examen pour « corruption active, faux et usage de faux, escroquerie en bande organisée, abus de biens sociaux, destruction de preuve ».*

Il a été placé en détention provisoire pendant près de quatre mois.

– 10 juin 2010, PASCAL Adrien, salarié de la société QUEYRAS ENVIRONNEMENT, a été *mis en examen pour « corruption active, faux et usage de faux, escroquerie en bande organisée, abus de biens sociaux ».*

Il a été placé en détention provisoire du 14 juin au 29 juin 2010.

– octobre 2010, AMORETTI Damien, chef d'entreprises, a été *mis en examen pour « faux, escroquerie et détournement de fonds publics »* dans le cadre de l'affaire des marchés publics de Haute-Corse.

Il a été placé en détention provisoire d'octobre 2010 à avril 2011.

– 1er décembre 2010, GUÉRINI Alexandre a été *mis en examen pour « détournement de fonds publics, abus de biens sociaux, trafic d'influence, corruption active, recel de détournement de fonds publics, blanchiment en bande organisée des délits d'abus de biens sociaux et de détournement de fonds et biens publics et détention illégale d'arme ou élément d'arme de la première catégorie ».*

Il a été placé en détention provisoire du 2 décembre 2010 au 18 mai 2011.

– 1er décembre 2010, RAPEZZI Philippe, actionnaires de plusieurs sociétés d'Alexandre GUÉRINI, a été *mis en examen pour « abus de biens sociaux, détournement de biens publics et recel de détournement de fonds publics ».*

Il a été placé en détention provisoire du 2 décembre 2010 au 16 décembre 2010.

– 1er décembre 2010, PERETTI Jeannie, compagne d'Alexandre GUÉRINI, a été *mise en examen pour « recel d'abus de bien sociaux ».*

– 12 décembre 2010, MARCHAND Isabelle, épouse de Patrick BOUDEMAGHE, a été *mise en examen pour « abus de biens sociaux, recel d'abus de biens sociaux, faux et usage de faux »* dans le cadre de l'affaire des marchés publics de Haute-Corse.

– 26 décembre 2010, BOUDEMAGHE Patrick, chef d'entreprises et cousin de Pierre OLMETA, a été *mis en examen pour « association de malfaiteurs, blanchiment, abus de biens sociaux, détournements de fonds publics* » dans le cadre de l'affaire des marchés publics de Haute-Corse.

Il a été placé en détention provisoire le 26 décembre 2010.

– 25 février 2011, AMORETTI Damien, chef d'entreprises, a été *mis en examen pour « complicité d'abus de biens sociaux et de recel de détournement de fonds publics »*.

– 25 mars 2011, CASTIGLIOTTI Carole, ancienne compagne de Bernard BARRESI, a été *mise en examen pour « blanchiment » et « recel habituel de fonds provenant d'un délit »*.

– 9 mai 2011, GERBER Bruno, chef d'entreprises, a été *mis en examen pour « blanchiment en bande organisée »*.

– 21 juin 2011, BOUDEMAGHE Patrick, chef d'entreprises et cousin de Pierre OLMETA, a été *mis en examen pour « faux, complicité d'abus de biens sociaux et blanchiment en bande organisée »*.

– 1er juillet 2011, GUÉRINI Alexandre a été *mis en examen pour « blanchiment »* dans le dossier dit « *des photocopieuses* ».

– le 30 septembre 2011, GUÉRINI Alexandre a été *mis en examen pour « association de malfaiteurs en vue de commettre le délit de trafic d'influence »*.

Au 1er octobre 2011, cette liste est déjà très longue et ça ne fait malheureusement que commencer…

Remerciements

Je tiens à remercier ma famille et ma mère qui pourrait faire sienne cette phrase de Marc Aurèle : « L'homme heureux, c'est celui qui s'est attribué à lui-même un bon lot, et un bon lot, ce sont de bonnes orientations d'âme, de bonnes tendances, de bonnes actions. »

Je remercie également tous mes amis qui me sont restés fidèles malgré les épreuves, ainsi que mes collaborateurs qui travaillent au quotidien à mes côtés.

Pour l'éditeur, le principe est d'utiliser des papiers composés de fibres naturelles, renouvelables, recyclables et fabriquées à partir de bois issus de forêts qui adoptent un système d'aménagement durable.

En outre, l'éditeur attend de ses fournisseurs de papier qu'ils s'inscrivent dans une démarche de certification environnementale reconnue.

Cet ouvrage a été imprimé en France
par CPI Bussière
à Saint-Amand-Montrond (Cher)
en octobre 2011

Composition PCA

N° d'édition : 01. — N° d'impression : 113238/4.
Dépôt légal : octobre 2011.